CUANDO EL ESPOSO FALLA

SEMILLAS DE AYUDA FAMILIAR

MIGUEL Y ESPERANZA RAMIREZ

Miguel y Esperanza Ramírez

Cuando el esposo falla
Miguel y Esperanza Ramírez

Diseño de portada: Julio Splinker
Fotografía: David Cárdenas
Asesor editorial: Armando Carrasco Z.

Publicado por
Editorial Mies
Miguel Ramírez
P. O. BOX 180271
ARLINGTON, TX. 76096-0271
info@editorialmies.org
www.editorialmies.org

Si no se indica otro origen para esta traducción las citas bíblicas (en **negritas**) pertenecen a: LA SANTA BIBLIA®
Versión Reina-Valera (RV) Revisión de 1960

Ninguna parte de este libro se puede reproducir, almacenar en ningún sistema, o transmitir en ninguna forma electrónica, mecánica, fotocopia, grabación o por cualquier otro método, sin permiso escrito del autor.

Derechos reservados en trámite.

Dedicatoria

A todos aquellos que fallando se arrepienten
y quieren comenzar de nuevo.

A todas las esposas que aun siendo defraudadas,
engañadas, y violentadas se atreven y
deciden perdonar, para restaurar y
así ganar un nuevo hogar.

A mis padres y hermanas, mi primer familia;
en donde aprendí los valores que me enseñaron a vivir
plenamente la vida en Cristo.

A Dios Padre que siempre y en toda circunstancia y
aun en el valle de sombra de muerte está con nosotros.

Agradecimientos

En primer lugar a mis hijos que son realmente héroes dispuestos a ser ejemplo, a luchar contra la adversidad y a amar incondicionalmente… Adalú, realmente has sido la luz que da alegria, y Micky, príncipe de Dios sin importar las circunstancias de la vida.

A mi esposo que desde lo profundo de su ser estuvo dispuesto a comenzar de nuevo, y hoy podemos ser testigos del amor, la gracia y la misericordia del Señor.

A nuestros amigos, Omar y Angie Cuateta, Omar y Sara Cruz, Adán y Vero Jiménez, que desde diferentes perspectivas estuvieron con nosotros siempre.

A nuestros líderes Dario y Cindy Parish, por cubrirnos en amor y misericordia.

Y cómo podían faltar nuestros amados pastores y consiervos, Clemente y Linda Díaz, que con sólo verlos nos decían "sí se puede"… y qué decir de nuestros apóstoles y pastores Carlos y Millie Díaz que nos llevaron al final del proceso, Dios nos trajo en el momento preciso para conocerlos, y aprender a amarlos, respetarlos y obedecerlos. Les amamos.

Índice

Intro...	7
El principio de todo..	11
Una historia verdadera...................................	25
El primer golpe...	29
El segundo golpe..	35
Una decisión insólita......................................	41
Un nuevo comienzo..	49
El respaldo de Dios siempre...........................	55
Las primeras pruebas......................................	59
Un golpe casi mortal.......................................	67
Un comienzo muy difícil................................	75
la última oportunidad.....................................	83
Perdón; el primer paso....................................	89
Recupera tu dignidad y devuélvele su autoridad.........	103
Cubre las espaldas de tu esposo......................	113
Amor al principio; Amor al final....................	121
Dios; el centro de toda relación......................	129
Conclusiones...	135

Introducción

Definiendo algunas cosas

Durante los 20 años anteriores, siempre consideré que no tenía un ministerio que ejercer en el Reino de Dios, ya que habíamos sido educados tanto mi esposo como yo, y muchos cientos de ministros alrededor del mundo, que el ministerio era del esposo y que la esposa apoyaba al cónyuge, porque había sido constituida su ayuda idónea.

Pero en los más de 20 años de casada, viajando a través de todo México, después viviendo en Centroamérica y ahora radicando en los EE UU; me he podido percatar que aunque decimos que nuestro orden de prioridades es; Primero Dios, después el cónyuge y los hijos, y por último el ministerio o trabajo, en la práctica no es así, y eso está enmarcando al evangelio en matrimonios disfuncionales.

Hogares destruidos, divorcios, hijos en rebelión, adulterios, madres e hijos golpeados y maltratados, son el resultado de una falta de aplicación a los principios Divinos.

¿Qué es lo que está fallando? ¿La Familia? ¿La presión social es más intensa que antes? ¿Se han perdido los valores? y ¿Los principios cristianos están vigentes? Un sinnúmero más de interrogantes son las que ambulaban por mi mente, y como resultado de la experiencia propia, la consulta de muchas mujeres y desafortunadamente el fracaso de muchas familias, he llegado a la conclusión de que mucho de lo anterior es desatado cuando el esposo falla.

"Cuando el esposo falla" es el título del presente libro, y me sentí muy tentada a cambiar el titulo y ponerle ¿Qué hacer para que el esposo no falle? Pero desafortunadamente dentro de nuestras iglesias estamos viviendo este flagelo, nuestros esposos no están asumiendo su rol, y por eso fallan; a veces como esposos, a veces como padres, a veces como sacerdotes, a veces como proveedores, etc. Pero todo se desencadena en el hogar en forma destructiva cuando nuestra cobertura falla en cualquiera de sus formas.

Sirva el presente para identificar en primer lugar las diferentes formas en que el esposo falla, las consecuencias de esta acción, pero sobre todo los pasos que debemos tomar como esposas cuando ellos fallan, anhelo que también sea una voz de advertencia para los jóvenes matrimonios que están iniciando en esta nueva aventura que tiene un sinfín de riesgos. Para que sigan los pasos sencillos que propongo, para evitar caer en la destrucción de tu matrimonio, tu hogar y sobre todo la destrucción de tus hijos.

Mi oración es que se abran espacios reales en la Iglesia del Señor para ventilar, enfrentar y resolver los conflictos en el hogar. No como los raitings shows de la televisión en donde sólo se ventilan, pero no se resuelven, sólo sirven para espectáculo en la TV. Iniciemos pues el camino hacia la restauración.

Su consierva y amiga:

Esperanza Ramírez.

Capítulo 1

El Principio de Todo

El principio de todo el género humano comenzó en Génesis, como su nombre lo indica el principio de todo. Ahí esta la primera creación, el primer sacrificio, el primer hombre, la primer mujer y el primer matrimonio.

El matrimonio como Institución fue establecido por Dios, no fue una idea humana o de alguna sociedad en especial, y desde el principio en el primer matrimonio, el esposo falló, por eso vemos en Génesis capítulo 3 a la serpiente platicando con la esposa de Adán, pero ¿Dónde estaba Adán? ¿Acaso no debería de estar cuidando a su familia? En este caso a su esposa. Según algunos de los estudiosos de la Biblia ella lo hacía con regularidad, hasta que llegó este día, y aquí podemos ver que Adán como esposo, había fallado como sacerdote, ya que no había enseñado la Palabra que Dios mismo le había dado; recordemos por un momento que el mandato sobre el árbol del bien y del mal se lo había dado solamente a Adán, y cuando ella se encontraba platicando con la serpiente, no sabía exáctamente la Palabra que Dios le había dado a Adán.

Hace poco escuché a mi pastor decir, que según el texto original, Adán estaba al lado de Eva, mientras ella platicaba con la serpiente, imagínate con mucha más razón podemos decir que él estaba fallando como esposo, ya que no prevenía, ni advertía del peligro, sino que lo toleró, lo permitió y después también participó del pecado.

Este fue el principio de todos los males, ya que ellos fueron arrojados del huerto, entró la muerte, la enfermedad, el dolor, la separación, el incesto, el divorcio, el adulterio, el homosexualismo, tantas consecuencias que trajo la desobediencia de un principio divino dentro del matrimonio. Consecuencias que hasta el día de hoy vemos en hogares destruidos, hijos abandonados, mujeres abusadas, enfermedades incurables como el sida, porque no hemos podido curar, ni prevenir los fracasos matrimoniales. Según las estadísticas, dos de cada tres matrimonios termina en fracaso, tanto dentro como fuera de la Iglesia, esta serpiente ha penetrado en lo sagrado, profanándolo; pero es tiempo de aplastarle la cabeza para así terminarla definitivamente, erradicándola, y viviendo la experiencia matrimonial y conyugal, según los patrones establecidos por nuestro Hacedor.

Cuando nos casamos, la mayoría de las parejas lo hacemos llenas de ilusión, caminamos en las nubes, estamos enamoradas y dispuestas a todo porque nuestro hogar funcione y sea un ejemplo para la Gloria de Dios.

Pero al paso del tiempo nos damos cuenta que las cosas en la realidad no son como las imaginábamos, ni como nos las habían contado, sino que mi matrimonio en especial es diferente que todos los demás, y que las situaciones y realidades son totalmente diferentes; pero no sabemos cómo actuar, ni cómo solucionar los conflictos que estamos enfrentando, porque son nuevos, y porque no fuimos preparadas para enfrentarlos mucho menos para resolverlos.

Otro aspecto negativo, es que no hemos creado los lugares abiertos para que nos enseñen a resolverlos; por el contrario los guardamos, los cargamos y nos amargamos, porque tenemos que aparentar santidad, bondad, mansedumbre y que todo está caminando bien, hasta que la bomba estalla en un divorcio y la mayoría se pregunta, ¿Porqué? si ellos eran un ejemplo.

Necesitamos abrir espacios en nuestras iglesias, con nuestros pastores para ventilar, enfrentar y resolver los conflictos familiares, matrimoniales y conyugales, porque de otra manera, el mundo, el Diablo y las tentaciones, nos seguirán ganando ventajas y destruyendo nuestros hogares.

Andrés era uno de los únicos 8 Pastores de aquella pequeña ciudad en el sur de México, era un ministro de éxito, con 8 hijos, viudo y ahora vuelto a casar, tenía una Iglesia pujante, y varias misiones en el interior de ese estado. Cada uno de sus hijos fue dotado por Dios con talentos y habilidades musicales, ministeriales y de liderazgo, cualquiera que los viera pensaría, que era una familia unida, de mucho éxito y de mucha proyección hacia al futuro. Pero Andrés cometió el error de cambiar sus prioridades, colocando en primer lugar el ministerio, después el trabajo y en tercer lugar a la familia. Además él tenía a su preferido y su esposa Juana tenía a su predilecto, de tal manera que cuando crecieron hubo rivalidad entre ellos. Inclusive culminó en el divorcio de uno de ellos por causa del otro. El propio hermano le quitó a la esposa.

Con respecto a la familia en general cometió dos errores, el primero dedicarles muy poco tiempo, y el segundo exigirles a los hijos perfección, ya que eran los hijos del pastor general de las iglesias, así es que los castigaba en exceso y eso fue creando resentimiento en el corazón de los hijos, y una vida de apariencia, ya que nunca abrieron su corazón con nadie; porque eso también lo tenían prohibido.

Delante de todos eran niños más que perfectos, obedientes, serviciales, con ministerio y llamado. Así pasaron los años, y poco a poco sus hijos se fueron de su casa, hasta que Andrés murió, y cuando esto pasó, cada uno de sus hijos tomó su propio camino.

De los 8 hijos de Andrés, solamente una hija a tenido un solo marido, todos los demás se han divorciado al menos dos veces, la mayoría de ellos no quiere saber nada de Dios, de la iglesia, ni del ministerio. Solamente el más pequeño está sirviendo al Señor en una iglesia hispana en EE UU.

Alejandra estaba profundamente enamorada de Daniel, había encontrado al hombre de sus sueños, a su príncipe azul, es más ella había orado por su esposo, y sentía que Daniel era la respuesta a su petición. Daniel también había orado por su esposa.

Daniel era hijo de un pastor prominente de la ciudad, y su anhelo profundo era servir a Dios con todo su corazón. Era el cuarto hijo de una familia de siete, sabía que su destino era seguir los pasos de su padre en el ministerio, y la petición de su corazón para la que fuera su esposa, es que ella amara a Dios sobre todas las cosas, que entendiera el ministerio y que lo apoyara en todo, además, tenía como meta hacerla muy feliz.

Alejandra era hija de misioneros, y entendía el ministerio, además ella quería casarse con alguien que sirviera a Dios; ella no podía entender su vida fuera del servicio a Dios. Sus padres le habían enseñado la confianza en Dios, a vivir por fe en cuanto a la provisión económica, a creer que Dios contesta todas las oraciones y estaba confiando en que sus hijos también le servirían al Señor.

Daniel y Alejandra se casarón con sueños, anhelos y profundamente enamorados, con la disposición de aprender de la vida, y el uno del otro.

Después de la boda, se fueron con sus maletas llenas de sueños e ilusiones al ministerio, para apoyar al papá de Daniel.

Daniel lleno del Espíritu Santo, comenzó a servir al Señor en las misiones que su padre había iniciado, visitaba cada uno de los 18 campos de predicación, viajaba todos los días de 4 de la tarde hasta 2 o 3 de la mañana que regresaba, esto hacia de lunes a sábado, todos los meses. En medio de este vertiginoso proceso nació Danielito su primer hijo.

Daniel formo un grupo evangelístico con 6 jóvenes más de la Iglesia, que se dedicaron de tiempo completo a servir a Dios en las misiones, él había sido enseñado que en primer lugar estaba el ministerio, después el ministerio y en tercer lugar el ministerio, no andaba haciendo nada malo, no estaba en malos pasos, pero estaba descuidando a su primer oveja (su esposa); la cual fue consolada por el hermano de Daniel.

Daniel y Alejandra se divorciaron, Alejandra se casó con Arturo hermano de Daniel y tuvo otro hijo con él, así es que ahora Alejandra tenía un hijo de Daniel y otro de Arturo, ellos (sus hijos) eran hermanos y primos a la vez.

El día de hoy, Arturo y Alejandra siguen juntos con los dos hijos, pero el hijo de Daniel cayó en incesto, violando a una de sus primas, hija de otro hermano de Daniel. Y Daniel ha contraído nupcias en 7 diferentes ocasiones, actualmente vive con su octava esposa y no quiere nada con Dios, menos con el ministerio, además de que no tiene amigos, ni confianza en nada ni en nadie.

José María se casó con Adriana, siendo él mayor que ella 14 años, ella se casó porque estaba huyendo de su situación familiar, porque no era entendida por su madre, y no tenía padre; no hubo amor entre ellos, sólo entendimiento y trataron de comprenderse y amarse con el tiempo.

Desafortunadamente llegaron al matrimonio sin instrucción y sin consejo, además de que no hay cursos para ser un buen esposo o esposa, padre o madre. Así que vivieron así, a los 7 años ya tenían cinco hijos, pero desde el primer año de matrimonio comenzó el sufrimiento y martirio para Adriana, por los celos de él, ya que por la gran diferencia de edades él comenzó a sentirse inseguro.

Así pasaron los años, hasta que después de 10 años de permanencia juntos, ella lo abandonó llevándose a la más pequeña, pero como dejó a los otros cuatro volvió por sus hijos dos meses después a un martirio mayor, ya que ahora José María hasta pensaba que había huido con un amante y que éste la había abandonado y por eso había vuelto.

Los hijos crecieron, todos se casaron, formaron sus familias, y ya entonces después de 42 años de estar juntos, Adriana abandonó a José María, ya no aguantó más, la situación no había mejorado por el contrario se había agravado a tal punto que en los últimos tiempos, había amenazas de muerte entre ambos, y uno de ellos podía terminar en el cementerio y el otro en la cárcel, así es que Adriana mejor lo abandonó.

Una nota aclaratoria, ellos conocieron al Señor cuando todavía estaban juntos, sus hijos pequeños, y pareciera ser que todo iba a cambiar, pero no fue así. Ya que en su tiempo de conversión, él solamente dejó de embriagarse, pero no fueron ministrados en el área emocional y matrimonial; así es que los celos en él y la amargura en ella siguieron incrementándose.

Juan fue un muchacho como cualquier otro, pero con padres misioneros en Latinoamérica, creció en un ambiente de pastores, hermanos, misioneros, y cuando terminó el bachillerato se fue a estudiar a un instituto bíblico, ahí conoció a su esposa María, ella también estudiaba en el instituto, su elección fue por ministerio, no por amor, él pensó que María sería la esposa ideal para su ministerio, él era buen mozo y ella tenía su gracia pero no era muy hermosa.

Se fueron a desarrollar su ministerio, en medio de escasez económica, penurias y mucho trabajo, pero todo lo superaban por amor al ministerio. Con los años el ministerio comenzó a dar sus frutos, abrieron bastantes iglesias, y todo iba viento en popa, también llegó el resultado de su unión, los hijos; pero como siempre la prioridad fue el ministerio, la economía en la casa era paupérrima, además Juan inició un ministerio de supervisión y eso comenzó a demandar más y más tiempo.

Llegó el momento en que cada año; 6 meses estaba Juan fuera de su casa, y María con sus hijos en casa, creciendo los niños solamente con la figura materna. Ella predicaba de vez en cuando y también enseñaba en algunas ocasiones, por cierto que era excelente como conferencista; pero no ministraban juntos.

Fue tanto el tiempo que él paso fuera que cayó en relaciones homosexuales, así se mantuvo por algún tiempo hasta que fue descubierto, cuando eso pasó, fue depuesto del cargo que tenía, pero como no estuvo dispuesto a sujetarse se salió de la organización. Parecía que todo se había arreglado y aún olvidado pero ni Juan ni María fueron ministrados, así es que María se comenzó a llenar de amargura, y Juan pensaba que todo estaba solucionado.

Dos años después iniciaron un nuevo ministerio, todo parecía caminar bien, pero otra vez la serpiente escondida del homosexualismo volvió a picar, pero esta vez se ocultó y no salió a la luz, el tiempo siguió su marcha y las situaciones se volvieron a repetir, María se contaminó con tanta amargura que contrajo cáncer, uno de sus hijos se volvió homosexual, y así siguen caminando. Aparentando victorias, éxitos, y es muy probable que los tengan en cierto porcentaje dentro del área ministerial, pero ¿Qué de la familia? ¿Qué de la esposa llena de amargura, y resentimientos no resueltos? ¿Qué de los hijos? y ¿Qué del ministro, que no arregla su vida, ni abandona su pecado?

Abraham también es hijo de misioneros, se casó muy enamorado de Susana, iniciaron su ministerio, cuando alguien los veía parecía que todo iba viento en popa, pero el ministerio demandó viajar mucho y desatendió a su primer oveja, su esposa.

Con el paso del tiempo, ella lo engañó, como resultado de este pecado quedó embarazada, Abraham la perdonó, se reconciliaron y están tratando de sacar a flote el hogar y el ministerio. Mi inquietud es ¿Habrán sanado totalmente? ¿Se descubrieron las raíces del problema? Eso desafortunadamente sólo el tiempo lo dirá.

Armando se convirtió al Señor estando ya casado, él era albañil, y según se comenta de los buenos, junto con su esposa Juana tenían 7 hijos, y ya convertidos tuvieron dos más. En medio de este proceso de cambio de vida y de conversión, Armando sintió que el Señor le llamó al ministerio, su hijo mayor era líder de jóvenes de la iglesia local, así es que comenzó su trabajo acompañando al pastor de la iglesia local.

Después de un tiempo se comenzó a dedicar de tiempo completo a visitar a las iglesias de los diferentes lugares, pero comenzó a descuidar a su familia, ya que como había sido enseñado que lo que ocupaba el primer lugar en su vida era el servicio a Dios, entonces eso era lo que más le importaba, al grado que él se iba a las misiones, sin dejar el sustento para su esposa e hijos.

Por consiguiente Juana inició la venta de tamales y tortillas, ella trabajaba muy duro para mantener a sus 9 hijos, Juan veía milagros, conversiones, pero no estaba viendo a sus hijos crecer, ni estaba respondiendo como proveedor para el hogar, así es que no se dio cuenta cuando sus hijos dejaron de ir a la iglesia, y su hijo que era el líder de jóvenes comenzó a emborracharse.

Actualmente ninguno de ellos permanece en la fe del Señor, y ni siquiera quieren saber algo de Dios y su Palabra.

Mario fue un joven lleno de ilusiones, que llegó al instituto bíblico con expectativas, lleno de esperanza, y dispuesto a conquistar el mundo para Cristo, se graduó, y regresó a su país, pero ahí las puertas ministeriales no se abrieron para él, así es que a los 3 años de haber graduado no estaba haciendo nada para el Señor, y fue invitado a otro país, en ese proceso fue considerando la posibilidad de casarse, así es que empezó a buscar a la mujer idónea para el ministerio, los pastores se la recomendaron, ella era líder de jóvenes, maestra de escuela dominical, y participaba en el ministerio de alabanza.

Además era graduada de un instituto bíblico, y servía como secretaría en dicha institución, así es que según Mario, Tomasa era la mujer ideal para que el ministerio de ambos creciera y se desarrollará mucho más de lo que ellos mismos esperaban.

El único, grave error es que él se casó enamorado del ministerio de ella, pero no de ella como persona, así vivieron 12 años de infierno, ella muy celosa, y el arrepentido de la decisión que había tomado, en medio de esta turbulencia procrearon a una hija, que al final de cuentas sufre los embates de los pleitos, de los celos y del abandono. Al final de todas estas penurias, se separaron, Tomasa se quedó con la niña y Mario se quedó sólo.

¿Te parecen conocidas estas historias? Yo creo que sí, las estamos viendo o viviendo a diario. Pero este gran flagelo que está invadiendo a la sociedad, ha penetrado a la Iglesia, es un flagelo silencioso que día a día está destruyendo nuestra comunidad, y el núcleo de la sociedad que es la familia; está siendo diezmada, anulada y aún en muchas de las veces ridiculizada.

Ya que hoy en día se exalta lo profano y se denigra lo santo, es tiempo de retomar las sendas antiguas, volver a los caminos descritos por Dios en su Palabra, en donde por orden de prioridades primero es Dios, después el cónyuge, los hijos y al último el trabajo.

Pero nuestra rebeldía ha hecho que cambiemos las prioridades, colocando en primer lugar el trabajo, el dinero o los placeres; y en último lugar nuestra familia, e inclusive dentro del seno familiar, muchas mujeres y muchos esposos ponen en primer lugar a los hijos antes que al cónyuge; por eso hoy en día se ven divorcios cuando ya los hijos están fuera de la casa, ya no tiene razón de ser el matrimonio, ya que solamente continuaban unidos por los hijos, pero el amor, el respeto y la comunicación entre ellos hace mucho tiempo que había quedado en el olvido, enterrado y muerto.

Jamás debemos olvidar, que cuando los hijos abandonen el nido, la única persona que seguirá estando con nosotros es nuestro cónyuge, es el momento de volver a priorizar en base a principios y valores, no en base a sentimientos o conveniencias.

Debemos pararnos en la brecha, luchar por nuestro matrimonio, ayudar a las parejas que están en crisis, prevenir y enseñar a los nuevos matrimonios, tenemos que rescatar el hogar, el matrimonio, la relación familiar y conyugal; según los parámetros establecidos por la Palabra de Dios. Ya es tiempo que detengamos el flagelo del engaño, del adulterio, de la deslealtad, de la infidelidad, de hogares destruidos e hijos abandonados y maltratados. De mujeres abusadas, violentadas y aún muertas por sus propios cónyuges.

Tenemos los principios de la Palabra de Dios, la ayuda del Espíritu Santo, el consejo de nuestros pastores, y la comunión del cuerpo de Cristo, además de los ministerios establecidos por Dios, para ser edificados y perfeccionados.

Capítulo 2

Una Historia Verdadera

Para poder enseñar algunos prinicipios bíblicos matrimoniales en el entorno de un problema de adulterio quiero usar una historia verdadera. Todos los relatos aquí contados son verídicos, lo único que cambié fueron los nombres y los lugares. Creo que un relato de la vida real nos acerca al problema y nos identifica.

La infancia de Martha transcurrió de una forma normal y muy feliz, ella no recuerda malos tratos, ni malas experiencias con sus padres. Su padre conoció al Señor cuando sus hermanas y ella eran muy pequeñas, así es que jamás lo vieron borracho, ni pronunciando malas palabras, mucho menos maltratando a su madre. Ella es la hija mayor de 7 mujeres, y solamente un hermano varón que es mayor que ella.

Al ir creciendo Martha se fue involucrando en el

servicio a Dios dentro de la iglesia local, con los jóvenes y como maestra de niños. En esta tranquilidad de su vida, y en medio de sus estudios tocó a la puerta de su corazón el amor; como todo noviazgo joven, y amante del Señor, su amor fue creciendo lleno de ilusiones, de planes y de disposición para servir al Señor.

Vale la pena comentar que Alfredo, su novio, servía al Señor de tiempo completo, él era su primer novio, su primer amor, y ella para él también lo era. Así es que eran primerizos, su primer beso no lo puede olvidar, fue con mucha inocencia, pero con mucha entrega, ambos sabían que eran el uno para el otro y que Dios estaba de por medio en su relación. Sus padres y sus suegros estaban de acuerdo con su noviazgo.

Martha recuerda muy bien la fecha cuando se hicieron novios y se besaron por primera vez, más que un beso pasional, fue un beso lleno de ternura y de pacto, y como toda pareja de enamorados comenzaron a hacer planes, acerca de cómo le servirían al Señor, de cuántos hijos tendrían, por cierto él quería 4, ella solamente dos, al final ganó ella.

El año siguiente su novio fue enviado a pastorear a unos 180 kilómetros de la ciudad en donde vivían, en ese tiempo sólo se carteában y se veían cada mes cuando él llegaba a entregar su reporte al pastor general de su iglesia, en medio de estos meses ellos comenzaron a planear su boda para el mes de Diciembre de ese mismo año, todo parecía pintar bien según ellos pero Dios tenía otros planes.

A mediados de ese año, el pastor general de su iglesia falleció, y Alfredo junto con el hermano de Martha fueron enviados a Centroamérica a estudiar al instituto bíblico, durante ese tiempo, se escribían cada semana, su amor seguía creciendo, y sus planes seguían tomando forma, durante el tiempo que estudió en Centroamérica, solamente se vieron cuatro meses, que fueron los que él fue enviado a hacer prácticas en su iglesia.

El año de la graduación de Alfredo, Dios permitió a Martha acompañarlo en este gran acontecimiento, ya egresado él regresó a trabajar a su iglesia e inmediatamente se formalizó su compromiso, delante de sus padres, y de algunos familiares en su casa, fue un acontecimiento inolvidable, y le fue entregado el anhelado anillo de compromiso, fijaron el mes de noviembre como fecha para el enlace matrimonial.

Los planes se estaban llevando a cabo como lo habían soñado, después imaginado y ahora los estában realizando, programaron su boda civil, boda que se realizó en casa de Martha, y al siguiente día a las 5 de la tarde se estában casando en su iglesia, fue una experiencia maravillosa, el departamento femenil hizo la comida, los jóvenes y señoritas se vistieron de negro y blanco para servir como meseros, hubo pastel, tamales, pero sobre todo la manifestación de amor de la familia, los hermanos de la iglesia, y de amigos tanto de él como los de ella, todo era felicidad.

Fueron de luna de miel a Centroamérica, durante 12

días, regresaron a abrir sus regalos, y comenzar su nueva etapa matrimonial, para Martha era hermoso preparar la comida, limpiar la casa, ir de compras con Alfredo, en fin todo era perfecto.

Cuando se casó, y aún antes de casarse, pensó que en algunas ocasiones tendrían escasez, ya que le servían a Dios y ese era el concepto que tenían del ministerio, ella sabía que iba a ver pruebas, luchas, adversidad, pero jamás pensó que enfrentarían la serpiente del engaño, del adulterio, de los celos, su vida cambió radicalmente, del cielo descendieron al infierno, la crisis los azotó por muchos meses, los golpeó, los dañó, y comenzaron a caminar heridos por el mundo.

Capítulo 3

El Primer Golpe

uando fijaron la fecha para casarse, empezaron a ver en donde vivirían, encontraron una casa, la comenzaron a amueblar, la pintaron, en fin, todo se preparó lleno de ilusiones, de esperanzas, de expectativas. Alfredo se trasladó tres meses antes de su boda a la casa, y los preparativos seguían su curso.

En el mes de Julio se anunció su compromiso en la iglesia, todo estaba caminando bien, pero la serpiente del engaño estaba tendiendo sus redes para destruirlos. Cuando se supo que Alfredo vivía solo, llegó la serpiente de la fornicación a seducirlo, desafortunadamente se dejó seducir, no se cubrió las espaldas, lo guardó en secreto, pensando que todo iba a desaparecer con el tiempo; pero el tiempo lo único que iba a hacer era cobrar esa deuda que se había contraído con la vida, con el pecado, con las circunstancias.

Al mes de casados, Martha quedó embarazada, era la mujer más feliz del mundo, comenzaron con los preparativos para recibir a su bebé. Era el mes de julio de ese año, cuando el pecado empezó a cobrar los intereses, porque desafortunadamente cuando los esposos fallan, no miden las consecuencias, ni el alcance de sus actos, y que cualquiera que sea la decisión que ellos tomen afectará a toda la familia para bien o para mal. Y este caso no iba a ser la excepción.

La joven con la que fornicó, había desaparecido por varios meses junto con su hermana, después de una semana de haber regresado, ambas embarazadas; ella buscó a Alfredo y le dijo que estaba embarazada de él. En ese momento él era padre de dos hijos, el de Martha y el que le estaban presentando ahora.

La joven y su madre hablaron con el pastor de la iglesia y los líderes, llamaron a Alfredo, lo confrontaron, él confesó su pecado, pero nunca tuvo la seguridad de que fuera realmente su hijo; Martha intentó que adoptaran al niño, pero su madre y su abuela no quisieron, ella tragó su dolor, su amargura, su coraje, pero estaba dispuesta a luchar por su matrimonio.

A los 10 meses de casados, Martha recibió una puñalada por la espalda, como consecuencia del pecado de Alfredo dos meses antes de casarse.

Él fue puesto en disciplina en la iglesia, en ese tiempo era pastor de jóvenes, co-pastor de la iglesia general, y encargado de la escuela dominical. Los líderes lo escucharon, no sé si lo entendieron, pero sí lo disciplinaron por tiempo indefinido, pero jamás lo ministraron a él, y mucho menos a ella.

Creemos que los líderes no son culpables de eso, porque no estaban preparados para un proceso de restauración conyugal, cuando uno de los líderes ha fallado estrepitosamente cometiendo adulterio o fornicación. Y hasta el día de hoy la mayoría de las iglesias no sabe cómo tratar estos pecados para restaurar al pecador.

Nadie puede entender el dolor del adulterio, mejor que lo implicados directos, Alfredo y Martha jamás volvieron a hablar del asunto, creían que con no comentarlo, no echarlo en cara, no confrontarlo, todo iba a pasar, que pronto el asunto se olvidaría y que todo terminaría en santa paz. Qué gran ignorancia creer que el silencio y el tiempo iban a curar una mordedura mortal de la serpiente del adulterio.

Pero como dijo alguien, en alguna ocasión, "lo que mal comienza mal termina". La crisis financiera, familiar, moral, emocional, espiritual y conyugal, había llegado al hogar de Alfredo y Martha, y lo peor de todo es que no sabían cómo enfrentarla, ni cómo tratarla para resolverla y erradicarla de su hogar.

No podían pagar la renta de la casa en que vivían, así que comenzaron a vivir en diferentes lugares, con sus padres, con sus suegros, en uno de los campos, en casa de una tía, en un año se cambiaron 8 veces, aparte de eso cada vez que estaban juntos en la intimidad ella se preguntaba si estaba con ella o con la otra.

El tormento de la desconfianza fue creciendo, pero Martha decidió creer en Dios y volver a confiar en su esposo, así es que decidió perdonar (porque el perdón es una decisión, no un sentimiento). Y volvieron a intentarlo de nuevo, luchando a brazo partido, acercándonse a Dios, y procurándose el uno al otro, para proteger a su hija, que ahora ya estaba entre ellos.

Pasó el tiempo, y parecía ser que todo era historia, pero olvidaron algo trascendental, nadie los había ministrado, ni a Alfredo ni a Martha, sus almas no habían sido sanadas, ni se había llegado a la raíz del problema de él.

Desafortunadamente, su iglesia, (y muchas iglesias en la actualidad) no sabía como tratar con este problema, así es que los líderes pensaron y creyeron que con sólo quitarle a Alfredo los privilegios dentro del servicio, y sentarlo ministerialmente el problema se solucionaría.

Poco a poco, parecía que las cosas se iban arreglando, Alfredo comenzó a trabajar en un periódico como publicista, compraron un terreno y construyeron una casita; lo económico había mejorado bastante, sus relaciones conyugales parecían haber sido sanadas, de hecho ella estaba esperando a su segundo hijo, jamás habían vuelto a hablar del pecado cometido, Martha había dejado de reprochar y él se hizo más tierno y amoroso. No habían dejado de congregarse en la misma iglesia, éran miembros fieles de ella, y su testimonio era aceptado por todos los congregantes y por sus conocidos.

En vista de todo este nuevo panorama, y de cómo se sentían, Alfredo volvió a sentir el cosquilleo del ministerio, volvió a sentir la pasión por volver a servir al Señor, platicó con Martha y le preguntó, qué era lo que pensaba al respecto; y muy firme le contestó: "Yo no quiero interponerme entre Dios y tú y si consideras que ya es tiempo, yo estoy contigo", ella todavía seguía pensando que el ministerio era solamente del esposo y que ella solamente lo apoyaba.

Alfredo habló con el liderazgo de la iglesia, y ante la escasez de liderazgo comprobado, le dijeron que sí, que ellos también ya estaban pensando en que él se volviera a reincorporar, y así fue como volvió a tomar su puesto y le añadieron la capacitación de pastores de las diferentes iglesias de la organización.

Al mismo tiempo, colaboraba con una organización nacional, como capacitador de pastores y obreros, y como productor de materiales educativos y bíblicos.

Todo fue caminando viento en popa, el Señor los comenzó a respaldar en todo el trabajo que hacían (él haciéndolo y ella apoyándolo), sus hijos comenzaron a crecer como niños normales y sanos.

Capítulo 4

El Segundo Golpe

Tiempo después, Alfredo presentó un proyecto educativo para capacitar jóvenes y señoritas con un llamado genuino del Señor.

El proyecto se estudió y se aprobó; y un año después de haber estrenado su casa de una recámara, le ofrecieron a Alfredo la fundación y dirección del instituto bíblico, ya que la directiva pensó y le dijo: "Quién mejor que tú para dirigir el instituto, ya que tú tienes la visión y la carga" a estas alturas dentro de la iglesia local a la que pertenecían y en la que él trabajaba, los sostenía dignamente, pero se habían estancado en la visión; entonces esta oportunidad para Alfredo le parecía excelente, las expectativas ministeriales estaban creciendo, y él se sentía como pez en el agua.

Así fue como Alfredo renunció a la iglesia local como co-pastor, y en un culto especial fue despedido y enviado al nuevo ministerio al cual el Señor había abierto las puertas.

Alfredo juntamente con otros 4 consiervos se unieron para desarrollar el proyecto, elaborar los materiales, se nombró al consejo educativo del instituto bíblico, y al subdirector, que colaboraría directamente con él. El Señor abrió las puertas y consiguieron una casa de campo de un ex capitán del ejército, que rentaron prácticamente por un precio simbólico.

Solamente faltaba la cocinera y que los estudiantes llegaran, la oración de ambos como una evidencia de que era la voluntad de Dios, es que por lo menos 10 estudiantes llegaran en esa primer generación.

Alfredo estaba buscando a una cocinera que cocinara bien, y que no cobrara, así que no la encontró, entonces Martha le dijo: "Y qué te parece si yo cocino para los estudiantes", él sorprendido le preguntó: "¿Estarías dispuesta?", a lo que le respondió que sí. Cabe aclarar que lo hizo por amor, porque lo amaba, amaba a sus hijos y amaba al Señor, así que la única motivación era el amor, no había, ni hubo en todos los años de servicio un salario de por medio.

En el mes de junio de ese año, tanto Alfredo como el subdirector se graduaron como licenciados en teología, todo estaba listo, la promoción ya se había realizado, el local ya estaba listo, aunque no había camas, se usaron petates y cartones para dormir, tampoco había trastes, así que sus trastes fueron los del instituto, su mesa el comedor, Martha la cocinera y su esposo el director.

Alfredo daba clases, dirigía, administraba y juntos hacían las compras en el mercado para la comida, ella atendía la casa, a sus hijos y a su esposo aparte de cocinar para los estudiantes; que por cierto el día que se inauguró el instituto, se incorporaron 10 estudiantes y días después otros dos estudiantes más se anexaron al instituto bíblico.

Experimentaron muchas luchas financieras, al principio del instituto bíblico, no se creía mucho en ese ministerio, y no había los recursos suficientes, en medio de grandes penurias, Alfredo le fue abriendo paso a la credibilidad del instituto, los estudiantes se esforzaron al máximo, y a finales de los tres años de preparación se graduaron 5 jóvenes y una señorita, la primer meta se había logrado.

Después de un tiempo, la directiva de la organización sopesaba el desempeño del instituto, pero sobretodo la situación financiera, ya que según la decisión de ellos, la organización no tenía los recursos necesarios para seguir con este ministerio, ya que se cobraban 15 dólares por estudiante cada mes, que incluía alimentación, hospedaje y clases, por lo que la institución no era autofinanciable, razón por la cual, la organización subsidiaba el funcionamiento del instituto bíblico.

La directiva le comentó a esta pareja que solamente ese año, hasta el mes de junio el instituto iba a funcionar, después de eso se cerraría indefinidamente. Alfredo convocó a los estudiantes a un ayuno de 15 días, para conocer exactamente la voluntad de Dios. En el catorceavo día del ayuno, el Señor habló, y dijo: "No te preocupes del instituto, que ese es un ministerio mío, y no te preocupes por lo económico, que yo lo sostendré".

Entonces con un nuevo entusiasmo, se reunió con la directiva y les pidió su cobertura espiritual, y que Dios se encargaría de su sostén económico, la directiva lo aceptó y el Señor abrió las puertas de par en par, de forma que ni siquiera imaginaban.

Se hicieron las camas para los estudiantes, y cada año se recibían nuevos estudiantes, la cocina se equipó, y hasta un vehículo para el instituto les proveyó el Señor.

Alfredo abrió un programa sabatino, y dos extensiones del instituto, así es que las ganancias de esos programas comenzaron sostener el instituto diurno e interno. El viajaba todos los fines de semana a impartir seminarios en diferentes lugares, ya que las ofrendas de estos seminarios apoyaban el sostén de los estudiantes, regresaba el lunes como a las 6 de la mañana, para comenzar a dar clases a las 7 de la mañana.

Cuando se graduó la primer generación del instituto sabatino, se graduó Martha, que fue animada por su esposo para hacerlo, se graduaron seis estudiantes, de los cuales, todos sirven al Señor, en diferentes ministerios y lugares.

El trabajo era fuerte, pero la satisfacción al ver a los estudiantes graduados desarrollando un excelente ministerio los motivaba a continuar adelante, con mucho trabajo, pero con la alegría de ver los resultados en acción, cuando cada uno de los estudiantes desarrollaba sus prácticas, o cuando los graduados ejercían el ministerio encomendado por el Señor con éxito.

En medio de todo este trajín, de todas estas victorias, la serpiente del adulterio estaba dando su segunda estocada, pero ahora con más fuerza, con más ímpetu, de tal manera que estuvo a punto de desarraigarlos del pacto que habían hecho entre ellos y Dios.

Martha se sentía angustiada y turbada, sentía que las cosas no estaban caminando bien, que algo muy oscuro y tenebroso se estaba gestando en los aires en contra de su familia; pero ella misma rechazaba esa idea, porque los resultados que estaban viendo, indicaban que todo estaba bien.

Un día, el pastor general, llamó a Alfredo, y le dijo: hay una acusación muy seria en tu contra, te están acusando de adulterio. Él reconoció su pecado de adulterio, en ningún momento lo negó, y pidió perdón a la directiva.

Ese día fue confrontado otra vez, se le exigió que él mismo se lo confesara a su esposa, y que si ella decidía abandonarlo, la directiva estaba dispuesta a apoyarla, pero no estaban pensando en una restitución, sino solamente en un pagaré de las consecuencias del pecado.

Ese mismo día se le dijo que la otra semana, se reunirían con él, para hacerle saber todas las decisiones de la directiva, y que sí algún día, él quería ser restaurado, tendría que acatarlas en su totalidad; por todas las demandas puestas, se esperaba que él no las cumpliera.

Alfredo no sabía cómo decirle la verdad a Martha, que todo iba a cambiar, que su mundo otra vez se vendría abajo, que ya no estarían en el ministerio, que lo perdonara, que volverían a luchar para sobrevivir y salir adelante otra vez. La reacción de Martha fue muy comprensible, ella no lo quería escuchar, lo que quería era huir, por el dolor, por la vergüenza, quería golpearlo y abandonarlo, que nunca más supiera de ella, y que jamás se acercara a sus hijos.

Para Martha esos días fueron terribles y angustiosos, su mente no se concentraba en nada, el dolor, la angustia, el pesar, y la soledad la estaban dominando en su mente, en su cuerpo, en su alma, en todo su ser. Sus razonamientos, sus pensamientos, sus hermanas y aún algunos consiervos le aconsejaban, que abandonara a su esposo, que no había ninguna seguridad de que él fuera a cambiar, y quedarse con él era como jugar a la ruleta rusa.

En lo más profundo de su ser había, una pequeña voz que le decía: "Perdona, lucha por tu hogar, por tu esposo, por tus hijos, no dejes que el adulterio destruya lo que Dios ha unido". Ella sabía que era el Espíritu Santo, hablando a su corazón; pero se resistía a tomar esa decisión, y trataba por todos los medios de callar esa voz, que tintineaba en su mente, en el día, en la noche, a todas horas.

Capítulo 5

Una Decisión Insólita

Era un viernes, habían pasado dos días de infierno en la mente de Martha y en su hogar, ella no sabe cómo sobrevivió esa crisis que tocaba otra vez a las partes más profundas de su ser.

Sus padres y sus hermanas llegaron a visitarlos, y le dijeron a Alfredo, que los dejara solos con ella, él no dijo nada solamente se salió. Su madre y sus hermanas le dijeron: "Venimos por ti, agarra tus cosas, a tus hijos y vámonos". No era una alternativa, ellas ya habían tomado la decisión, ella comenzó a llorar profundamente, aunque ya llevaba dos días sin parar de llorar, su madre la abrazaba y sus hermanas también, y al mismo tiempo sacaban a luz toda su molestia, su coraje y sobretodo su dolor, ya que a Alfredo siempre lo habían considerado en la casa como parte de la familia, como un hijo para sus padres, y como un hermano para sus hermanas.

Se sentían traicionadas, adoloridas, con coraje, y con la disposición de llevarla, para nunca volver atrás en esa decisión, sabían y sentían que Martha y ellas no merecían la traición que se había gestado en su contra, por uno de los seres que más amaban, Alfredo su esposo.

Sus hijos eran muy pequeños, y no entendían la magnitud del problema. Ella recuerda que su hija sólo le preguntaba a su papá ¿Porqué lo hiciste papá? y él sólo respondía: -no lo sé, perdóname hija- y se ponían a llorar los dos.

La voz del Espíritu se hizo más fuerte, y lo confirmó la sabiduría de su padre, cuando le dijo: *"Hija, me duele mucho lo que estás pasando, y quiero decirte que tu lugar está al lado de tu esposo y de tus hijos; porque estos momentos difíciles tienes que pasarlos con la ayuda del Señor y de nosotros que te amamos profundamente. Pero si decides dejarlo, la casa está dispuesta para recibirte a ti y a los niños."*

Ese día, Martha tomó una de las decisiones más cruciales de su vida: decidió perdonar, y luchar al lado de su esposo hasta que volviera a ser restaurado, pero sobre todo, estaba dispuesta a luchar por sacar su matrimonio, su hogar y a sus hijos adelante. Porqué amaba profundamente a su esposo, a sus hijos, al Señor, y ella creía que todo iba a ser diferente porqué su esposo estaba dispuesto a cambiar.

El siguiente lunes Alfredo se presentó a la junta

con la directiva de la organización nacional, ya las cartas estaban sobre la mesa, y él solamente tenía dos alternativas, o hacía lo que ellos decían o era declarado excomulgado de la organización y como un rebelde, que jamás volvería a ejercer un ministerio, ni con ellos, ni en muchos otros lugares a donde llegaba la influencia de la organización.

Para Alfredo, lo más importante ya se había logrado, el perdón de su familia (sus hijos y su esposa); y eso le daba la fuerza necesaria para enfrentar todas las vicisitudes de la vida, y el proceso disciplinario que se le estaba imponiendo. Pero ni sus hijos ni Martha, sabían todo el proceso hacía el gólgota que deberían recorrer, en este proceso de perdón, de reconciliación y de restauración.

Ese lunes, fue un lunes negro, no solamente para él, sino para toda su familia, ya que lo que nunca pensó la directiva de la organización es que ese proceso, incluía directamente a la familia, pareciera ser que a ellos no les interesó el bienestar, ni la restauración familiar, sino únicamente, el cumplimiento de sus disposiciones tomadas.

Le pidieron varias cosas, y ninguna de ellas era negociable, tenía que pedir perdón a los estudiantes del instituto bíblico e informar de su destitución por el pecado cometido, lo mismo debería hacer con la iglesia local, con la directiva de la organización y con todos los pastores de la entidad, en una asamblea general. Además de haber pedido perdón a su familia.

Por lo menos en 5 ocasiones fue expuesto públicamente su pecado, y su vergüenza, que ahora era de toda la familia, y por lo menos en tres de ellas estuvieron presentes sus hijos y Martha. Para Martha fue frustrante, vergonzoso y doloroso, quería que la tierra la tragará, desparecer juntamente con sus hijos, para no sufrir la ignominia de tan crueles actos, que no lograron en nada una restauración, sino solamente una vana satisfacción en el liderazgo, y una profunda humillación en el corazón de su familia; como seres humanos, y como hijos de Dios.

Los estudiantes y la iglesia se dolieron mucho, y se unieron en su llanto, en su dolor y en su vergüenza. Martha nunca supo lo que pasó por la mente de los pastores, ni porqué no se acercaron a ella, para animarla, para orar, mucho menos para consolarla. Sólo uno le dijo; que la decisión de quedarse al lado de Alfredo era solamente de ella, pero que era un albur, era como si jugara a la ruleta rusa, y que podía con esa decisión salir adelante o frustrarse nuevamente.

Ellos habían decidido, que todo apoyo económico le fuera quitado inmediatamente, que abandonaran el instituto, porque en ese tiempo vivían ahí, en un solo cuarto para toda la familia; que ya no tenía ningún privilegio dentro del ministerio, ni dentro de la organización. Pero en ningún momento se detuvieron a pensar en sus hijos ni en ella, y que al tomar esas decisiones también afectaban a toda la familia. Surgieron nuevas preguntas: ¿Dónde íban a vivir ahora? ¿De qué íban a vivir? ¿Y qué de su dolor, de su pena, de su soledad?

Gracias a la fuerte presión del líder internacional de la organización, se acordó que le darían su apoyo económico por tres meses más, apoyo que en ese tiempo era de 100 dólares mensuales, pero algo es mejor que nada.

Asignaron a sus amigos, para trabajar junto con ellos en el proceso de restauración; qué difícil paquete pusieron sobre sus hombros, eso los cargó a ellos, porque verdaderamente los amaban y les costaba asistirlos, confrontarlos, exhortarlos, y sobre todo ministrarlos. Hicieron su mejor esfuerzo, pero no se logró mucho. Poco a poco se fueron alejando y se fueron quedando solos, en ese tiempo de gran angustia, dolor y soledad, sus verdaderos amigo eran contados con los dedos de las manos y les sobraban dedos.

Un pastor amigo en ese tiempo, quería rescatarlos y llevarlos con él a su iglesia, pero ya su decisión estaba tomada, y estaban dispuestos a terminar el proceso; proceso que por poco los mata espiritualmente.

Todo volvió a ser casi igual que la primera vez, volvieron a callar, pero ahora su dolor, y su resentimiento era más fuerte, más visible, más difícil de superar, a Martha le costaba mucho estar con su esposo como mujer, y tenía que fingir, sentía que el dolor estaba traspasando todo su ser, era algo que no podía aguantar más. Realmente el amor a sus hijos la sostuvo, ya que aún a Dios lo sentía muy distante, y le reclamaba –Dios, ¿dónde estabas, que no me cuidaste, para que no sufriera este dolor tan grande, y ahora, porqué no me sanas?

Alfredo y Martha vivieron en monotonía durante casi dos años, hasta que poco a poco en su absoluta soledad, el Señor a través de su Espíritu Santo, y de su Palabra los fue restaurando en su relación, en su comunicación y en su amor, y sobre todo en su confianza, más que nada en la confianza de Martha hacía su esposo.

En ese tiempo, con la ayuda de un miembro de la iglesia, Alfredo consiguió un trabajo en el gobierno federal, que suplía ampliamente sus necesidades, Dios jamás los abandonó, y los proveyó, cuidó y ayudó en todo.

Después de eso fueron engañados como tres veces, en donde su esposo iba a ser restaurado al ministerio, y al final volvían a decidir que todavía no era tiempo, que faltaba otro poco más, y es cierto que faltaba; pero ¿Qué se estaba haciendo para remediarlo? ¿Para sanarlo? ¿Y para erradicar de una vez y por todas esta maldita serpiente del engaño, de la infidelidad y del adulterio?

Pero una vez más, no se erradicó solamente se ocultó por un tiempo, para después volver a salir a flote. Pareciera ser que al final, la directiva no tuvo más que volver a "restaurar" a Alfredo al ministerio después de 4 años de un proceso muy difícil, en donde no se había llegado a la raíz del problema, sino solamente se había maquillado. Él volvió al ministerio, pero nunca fue restaurado públicamente como debería haber sido, si así había sido puesto en disciplina. Él se volvió como una piedra en el zapato, para algunos de los líderes de la organización, pero tuvieron que tolerarlo.

La única propuesta en ese tiempo fue la de un ex alumno del instituto, que ahora pastoreaba una de las iglesias de la ciudad, y le invitó a colaborar con él, dentro de la iglesia, y comenzando a abrir una iglesia en la propia casa de Alfredo y Martha, siendo la única opción la tomaron, pero estaban orando porque entendían que su tiempo en su ciudad y en su país, ya había terminado, el Señor les hablaba de prepararse para salir.

Su pregunta era a dónde, si ya sus "amigos", se habían encargado de manchar su reputación, y aún algunos de los que antes les habían abierto la puerta, ahora se la cerraban, y aún la atrancaban, no se veía ni una pequeña señal por dónde pudieran salir a respirar nuevos aires.

Así pasó todo un año, con muchas luchas, inquietudes y con un muerto enterrado que en cualquier momento comenzaría a apestar o lo que era peor podría resucitar. Así llegaron al final del año.

Capítulo 6

Un Nuevo Comienzo

Eran los últimos días del mes de noviembre, durante el año habían estado trabajando en la apertura de una nueva iglesia, pero estaban seguros, que el Señor aún tenía otras cosas que quería que hicieran. Martha recuerda que recibieron una llamada de su amigo, en la cual le dijo a su esposo que necesitaba platicar personalmente con ellos, por lo que acordaron verse al día siguiente.

Su amigo llegó con su esposa e hijos; inmediatamente los niños se pusieron a jugar con los suyos mientras ellos comenzaron a platicar, después de los correspondientes saludos, pasaron al meollo del asunto, y les dijo, "la organización internacional, los está invitando a trabajar, para reabrir el instituto, y quieren que ustedes lo dirijan. Alfredo preguntó: ¿Y ustedes qué piensan? Su amigo respondió, que deberían ir, y que contaban con su apoyo total e incondicional.

Alfredo programó un viaje para ir a las oficinas centrales de la organización a mediados de diciembre, Martha vió a su esposo muy emocionado y expectante, ella estaba un poco asustada y temerosa; al verla así su esposo le preguntó: ¿Tú qué piensas? Solamente alcanzó a decirle: "solamente asegúrate que Dios va a ir con nosotros, e iremos contigo".

El 22 de diciembre Alfredo estaba de regreso, con un nuevo brillo en sus ojos, lleno de ilusiones, y seguro de que era la perfecta voluntad de Dios irse a otro país. Así es que Martha lo apoyó, y comenzaron a orar, tenían varias cosas que arreglar antes de emprender esta nueva aventura ministerial.

Le decían al Señor que todas las cosas se tenían que arreglar antes de partir, si era la perfecta voluntad de Él, que se fueran a otro país. Sus hijos estaban emocionados con 12 y 13 años respectivamente, se imaginaban muchas experiencias gratas y emocionantes, a Martha le asustaba el cambio; dejar a sus padres, hermanas, casa, todo, para ir a un lugar en donde no sabían cómo les iría.

Había que arreglar los papeles de los hijos, y su esposo tuvo que viajar hasta la capital del país, para hacer todos los trámites, después de 4 días regresó, ya con los papeles de los niños arreglados, ya estaban vendiendo las cosas que tenían en la casa, y estaban buscando quién se quedaba cuidando la casa.

Ahora venía lo más difícil, sacar el pasaporte de

Martha, ya que en otras ocasiones había intentado obtenerlo pero no fue posible, porqué tenía un acta de nacimiento extemporánea, pero en esta ocasión las cosas fueron diferentes, los requisitos habían cambiado, y no tuvieron ningún problema para tramitarlo.

En tres semanas todo se había arreglado, los papeles de los niños, los pasaportes, la venta de las cosas y el cuidado de la casa, todo estaba listo para el viaje, sus familias los despidieron en medio de lagrimas, pero deseando todas las bendiciones de parte del Señor y los parabienes que toda persona que ama, desea para uno.

Llegaron cargados de esperanzas, de emociones, de expectativas, pero también había el temor, de una posible equivocación, y qué tal si no era Dios hablándoles. Cuando llegaron a su destino fueron por ellos a la terminal, y los trasladaron a la casa del "Jefe" (así le decía Alfredo de cariño a su líder), ahí los recibió él y su familia con muchas muestras de cariño, de afecto y de aceptación, ahí se hospedaron por una semana; mientras encontrában dónde vivir, y se iniciara el trabajo del instituto.

Cuando Alfredo visitó en diciembre la ciudad, él les dijo que estaba dispuesto a venir, pero que pensaba que el mejor tiempo era para el mes de julio, ya que en es tiempo sus hijos ya habrían terminado el ciclo escolar; pero el "jefe" respondió, que era mejor que estuvieran en Enero, para comenzar con el trabajo en Marzo, y que además ahí las clases en la escuela comenzaban en el mes de Enero, y de esa manera sus hijos se iban a acoplar desde el inicio a su nuevo grupo, y al nuevo sistema de clases, así es que se vieron encausados a moverse lo más pronto posible.

A Alfredo se le asignó un vehículo de parte de la organización, para que comenzara a moverse, se le preparó un presupuesto, y se le designaron las funciones inherentes a su cargo. Tenía aproximadamente mes y medio para establecer el currículo de clases, contratar a una cocinera, comprar los trastes y el equipo necesario para la cocina y dormitorio de los estudiantes; promover el instituto para que llegaran estudiantes, conseguir a los maestros y abrir espacios para que los estudiantes practicaran los fines de semana, además que en ese tiempo tenía que hacer un viaje relámpago a su país, para traerse algunas de sus pertenencias.

Todas las cosas se comenzaron a acomodar, como un gran rompecabezas, cada cosa fue tomando su propio lugar, en las oficinas de la organización internacional, les fue asignada una oficina, Martha comenzó a trabajar como la secretaria de su esposo, sus hijos comenzaron a ir a la escuela, Alfredo comenzó a promover el Instituto, a comprar los implementos necesarios para la cocina e invitar a los diferentes maestros para el primer bimestre de clases, elaboraron el currículo, se enviaron cartas y afiches de promoción, para que los diferentes pastores de la organización, y pastores de otras organizaciones enviarán a sus jóvenes a estudiar al instituto bíblico.

Todos dentro de la organización, los recibieron con un cariño muy especial, decían que los estaban esperando, y que estaban para apoyarlos en todo lo que necesitaran. El "viejito" les dijo; "Bienvenidos, aquí el Señor tiene nuevos planes, y nuevas oportunidades para cada uno de ustedes".

Capítulo 7

El Respaldo de Dios Siempre

ada una de las cosas tiene un comienzo y un final, así es que el instituto reabría sus puertas después de 8 años de haber estado cerrado, estaban llenos de expectativas, y de emociones encontradas.

El culto de apertura se había anunciado en la iglesia central de la organización, iglesia que era pastoreada en ese entonces por dos pastores muy queridos. Para esa primera promoción llegaron estudiantes de Colombia, de Honduras, de El Salvador, de Guatemala.

Algunos estudiantes más se agregaron después, las clases se daban en uno de los salones de escuela dominical de la iglesia Central, ahí mismo se habían habilitado los dormitorios de los estudiantes, la cocina, ahí también estaba su oficina, ese era el centro de sus actividades.

Antes de las 7 de la mañana dejaban a sus hijos en

la escuela, que por cierto estaba cerca de la oficina, de ahí se iban a la oficina, Martha a trabajar en la transcripción de los materiales del instituto bíblico y Alfredo a dar clases. A las 8:40 desayunaban con los estudiantes, a las 11:00 tenían un devocional con ellos, y las 2 de la tarde era la comida junto con ellos y con sus hijos que regresaban de la escuela.

Para los hijos de Martha los estudiantes eran como sus hermanos mayores y para ellos eran como sus hijos, todos juntos eran como una gran familia extendida.

Poco a poco, su esposo fue reclutando a los diferentes maestros para el instituto, algunos muy buenos y algunos no tan buenos, pero los fueron conociendo y evaluando, para saber si se volvían a invitar a dar clases o no.

Una de las cosas que más les costó trabajo fue abrir las puertas de las iglesias, ya que los pastores estaban recelosos por las experiencias pasadas, en donde los estudiantes muchas veces hacían lo que querían, no se sujetaban y había mucha rebeldía en sus corazones.

Alfredo comenzó a tocar las puertas y a pedir oportunidades, y poco a poco se fueron dando, hasta que llegó el momento en que les hacían falta estudiantes porque los pastores ahora los solicitaban con presteza.

Así mientras los estudiantes desarrollaban sus prácticas, Alfredo promovía el instituto para el otro año, para que nuevos estudiantes llegaran, para que más pastores abrieran sus puertas para que los estudiantes desarrollaran sus prácticas y para que apoyaran con ofrendas o con víveres al sostenimiento del instituto.

Uno de sus temores como padres era el acoplamiento de sus hijos en el seno de la iglesia. Pero Dios jamás se equivoca, los llevó al lugar preciso en el momento preciso, ese año un ministro probado comenzó, una escuela para preparar adoradores, sus hijos comenzaron a estudiar, pero después de un tiempo su hija desistió, porqué consideró que eso no era para ella.

En la iglesia el grupo de adolescentes era grande y bueno, y sus hijos fueron aceptados con agrado, al poco tiempo ellos estaban en un cien por ciento involucrados en todas las actividades de la iglesia. Además a Martha y a su hija las invitaron a participar como maestras en la escuela dominical, y su hijo se fue incorporando al ministerio de alabanza dentro de la iglesia local.

En ese tiempo su hijo se hizo muy amigo del hijo de uno de los músicos, del hijo del pastor y del líder de alabanza, fueron amistades de entrega, de búsqueda de Dios, y de servicio muy intensa.

Para Alfredo y Martha el primer año pasó como un sueño, sus hijos habían terminado sus clases, los estudiantes se iban de prácticas y ellos de vacaciones

Capítulo 8

Las Primeras Pruebas

Ese mes de diciembre, Alfredo tenía diferentes compromisos todavía, así es que Martha partió con sus hijos, mientras su esposo se quedó para cumplir con sus compromisos adquiridos.

Cuando llegaron a su país, fueron recibidos con gran regocijo por su familia, esos días fueron llenos de emociones, era una gran alegría que producía llanto, pero el gozo era manifiesto entre todos ellos.

En ese tiempo en que Alfredo estaba todavía en centroamérica, una hermana muy querida de ellos partió con el Señor, dejando un gran vacío en sus corazones, ya que cuando la visitaban en compañía de los estudiantes del instituto, pareciera ser que en lugar de que ellos la animaran a ella, ellos la visitaban para que ella los animara.

Era una mujer con una confianza plena en el Señor,

confianza que compartía con todos los que la rodeaban.

Alfredo llegó 10 días después a su país, les comentó todo lo sucedido durante el entierro, y se dolieron juntamente con él.

Sus vacaciones transcurrieron normales, comieron todas las comidas regionales y nacionales, celebraron la nochebuena, la navidad y el año nuevo con la familia de Martha y con la familia de su esposo en la iglesia en que ellos se congregan, Alfredo predicó en esa iglesia y en algunas otras durante ese tiempo de vacaciones.

Eran los primeros días de Enero de ese año, y ninguno sabía lo que estaba por suceder, el día 2 transcurría normal, su esposo estaba podando un árbol enfrente de la casa de sus suegros y el papá de Martha le ayudaba a desramarlo, esa noche, serían las 8 aproximadamente cuando su padre de 73 años, comenzó a sentir que le hacía falta el aire, llamaron a su hermano el mayor, que por cierto vive al lado de la casa de sus padres, y le convencieron de llevarlo al doctor.

Su padre era radical en su fe, y siempre creía que Dios era su único medio de salud, y sanidad, así que su hermana Elba que es enfermera y su hermano lo convencieron, y el aceptó.

Todos fueron con él, llegaron al sanatorio, pero no había doctor, así que Alfredo y Martha fueron a traer a un doctor amigo que vive cerca del nosocomio, pero cuando regresaron su padre ya había partido con el Señor, en menos de una hora había transcurrido todo. Lo que es la muerte de los justos, él le pedía al Señor que cuando partiera: todos sus hijos estuvieran ahí, y que no guardara cama, que fuera rápido.

Y exactamente así sucedió, ese año, todos estaban ahí, su hermana que vive en Provincia, también estaba junto con su esposo e hija, y ellos que habían llegado de centroamérica, cabe mencionar que para sus padres, todos sus yernos y su nuera, eran como sus hijos, por eso su padre al referirse a sus hijos los incluía a todos.

Fue difícil, pero el Señor los fue fortaleciendo poco a poco, su esposo y su cuñado Enrique, comenzaron a dar vueltas para arreglar lo del entierro, el cementerio en fin todas las cosas necesarias para poder enterrarlo. Fue llevado su cuerpo a la iglesia que lo vio nacer de nuevo, y ahora lo veía partir en su viaje hacia la eternidad.

El 4 de Enero fue enterrado, y ese mismo día, Alfredo y Martha salieron para centroamérica, donde deberían continuar sus labores ministeriales, viajaron en silencio, con pesar y con dolor en su corazón, cabe mencionar que su padre siempre fue un apoyo como líder dentro de la iglesia, y hasta un día antes de partir con el Señor, había viajado con el pastor de la iglesia local a visitar una de la iglesias hermanas en una de las regiones del centro del país.

Alfredo apoyó en todo a Martha, y le daba palabras de

ánimo para consolarla y para fortalecerla. En febrero hubo oportunidad de viajar con el "jefe", y la acompañó su amiga Bety. Estuvieron una semana con su madre en la casa, y fue hermoso estar con ella, y con sus hermanas, conviviendo y viendo como el Señor las estaba fortaleciendo, ahora que el hombre de la casa ya no estaba.

Las clases en el Instituto de estudios bíblicos, tenían que comenzar, y comenzaron, según la lista de prospectos que tenían iban a llegar 10 estudiantes nuevos y 8 que ya había, el grupo iba a estar muy bonito. Pero qué desafortunada sorpresa, el fin de semana anterior al inicio de clases, solamente tres estudiantes llegaron para comenzar con el programa de capacitación.

Alfredo se sintió frustrado, abatido, derrotado, Martha le escuchó decir: Señor ¿Para esto nos has traído aquí? Sabía que algo no estaba bien, y debería tomar decisiones importantes para el inicio de clases, Martha recuerda que ese sábado se puso en ayuno para tener una dirección clara de lo que estaba pasando, y tomar las decisiones más acertadas.

El lunes habló con el "jefe", y le dijo que iba a posponer las clases por un período de 15 días, mientras él juntamente con los 3 prospectos, volvían a hacer un recorrido a las iglesias en donde estaban los prospectos que no habían llegado. Así lo hizo y llegaron los estudiantes que originalmente se esperaban y dos más que se unieron al proyecto.

Estando en ese período de luchas y las de migración, Martha comenzó a preguntarse si realmente Dios los había llevado ahí, ya que para completar el trámite de residencia pedían muchos documentos, realmente era bastante complicado. Alfredo daba vueltas y vueltas, y cada vez le pedían más documentación, cuando ya la juntaba, le pedían otra y así sucesivamente; además habían gastado bastante dinero, y se había juntado con la poca apertura de los pastores para recibir a los nuevos estudiantes durante su período práctico, y ahora la gota que derramaba el vaso, se había dado, no estaban llegando los estudiantes prometidos.

Pero en medio de todo esto, el Señor comenzó a dar luz, en medio de tan densa oscuridad, se lograron completar los documentos para el trámite de residencia, estaban comenzando el segundo año de labores en el instituto. Además a sus hijos, por dictamen del ministerio de educación los habían subido de grado, así que a los dos meses de haber comenzado las clases, los pasaron al grado superior.

Ahora faltaba el broche de oro que el Señor le iba poner a la certificación de su voluntad, hubo un pastor que llevó a dos estudiantes, y cuando Alfredo le enseñó las instalaciones que estaban ocupando y que realmente eran de la iglesia Central, el Espíritu Santo lo empezó a inquietar y le preguntó a Alfredo: ¿Qué harías si te traigo más estudiantes? A lo que respondió: "Que no se los recibiría, porque ya no tenía espacio". El pastor se despidió de él, no sin antes decirle: Ora al Señor, y llámame mañana para que nos reunamos, creo que hay algo para ustedes.

Al otro día eran como las 10 de la mañana cuando el pastor, le llamó a la oficina, y le dijo a Alfredo que si le podía dedicar dos horas de su tiempo, ya que el Señor le había hablado durante la noche anterior, y que tenía algo para ellos.

El pastor llegó por Alfredo, y se dirigieron con rumbo desconocido al menos para él, en el trayecto el pastor, le decía que le quería enseñar algo, pero que no le dijera nada sino hasta el final. Después de viajar por 30 minutos llegaron al lugar.

Cuando llegaron a una zona que se veía abandonada el pastor abrió una reja, y entraron a un edificio bastante grande en una construcción que no estaba terminada. Cuando Alfredo lo estaba recorriendo se iba imaginando los salones, la cocina, el comedor, los dormitorios, los baños, la biblioteca, oficinas y hasta un departamento. Aunque todavía no sabía el propósito por el cuál el pastor le había llevado ahí.

Al terminar el recorrido el pastor le preguntó a Alfredo, ¿Le gusta hermano? Sin poder ocultar su emoción, le respondió: sí, pastor. Entonces él le dijo: "es suyo hermano, anoche me habló el Señor, porque este edificio yo lo había destinado para el Señor, y varias iglesias y organizaciones me lo están pidiendo, pero él Señor me dijo anoche, que éste era para ustedes, así es que puede tomar posesión de él cuando guste, es para el instituto, cuando regrese "el jefe", se harán los documentos".

Regresaron y Alfredo no cabía en sí, de la emoción que todo eso lo embargaba, Dios una vez más les estaba confirmando que Él los había trasladado ahí, y que Él los estaba respaldando en todo, porqué se había agradado de ellos. Primero, su pasaporte se había podido tramitar, después a sus hijos los subieron de grado, y ahora ya tenían edificio para el instituto, Dios una vez más había mostrado su fidelidad.

Capítulo 9

Un Golpe Casi Mortal

El "jefe" regresó de un viaje que estaba realizando por África y Brasil, se realizaron los trámites correspondientes y ahora ya legal y formalmente el edificio era para el Instituto.

Ahora venía una parte muy difícil, la terminación de la construcción, según un presupuesto primario se necesitaban alrededor de setenta mil dólares, cantidad que ni en sus sueños habían visto. Pero "el Jefe" y Alfredo tenían la fe y creían que si el Señor les había dado ese edificio, también les proveería los recursos necesarios para terminarlo.

Los milagros se comenzaron a suceder una tras otro, las ofrendas comenzaron a fluir, una sola persona donó 10 mil dólares, una sola iglesia 40 mil, todo lo demás el Señor lo suplió, al final se gastaron casi 120,000 dólares, pero en todo tiempo el Señor suplió todo, inclusive hubo un hermano que cuando partió con el Señor, dejo una herencia de 5 mil dólares para la biblioteca del instituto.

Mientras todo esto estaba pasando, por el otro lado, a estas alturas Alfredo ya dirigía todo el proyecto educativo de la organización a nivel internacional, como era de esperarse, él tenía un promedio de 12 viajes anuales a diferentes países de Latinoamérica, para estas alturas también se había graduado con la maestría en teología.

Dirigía el programa por extensión y el programa de Actualización Pastoral, un programa que da el crédito de Licenciatura en Teología. Las puertas estaban abiertas de par en par; el éxito había tocado a su puerta. Su familia estaba muy unida, además de que sus hijos se habían bautizado en agua, y el Espíritu Santo los había bautizado, su hijo era miembro titular del ministerio de alabanza tocando el bajo, inclusive había tenido la oportunidad de tocar con Juan Carlos Alvarado y Cristy Motta.

Su hija y Martha colaboraban con la escuela dominical, y para su esposo las puertas ministeriales en el país y en muchos países estaban abiertas de par en par, viajaban con él a Honduras y a Belice, y sus hijos lo habían acompañado a Colombia el varón, y a San Diego California y el Salvador la niña, Todo parecía estar bien, y nada parecía empañar todos los logros alcanzados.

Recordando un poco el pasado, a esas alturas lo veían como algo que había pasado, como una pesadilla que ya los había dejado porque habían despertado, como una enfermedad que ya habían superado, como una deuda que ya habían pagado, por cierto que este tipo de deudas se pagan con intereses muy altos.

Era el mes de Enero del siguiente año, cuando Alfredo hizo su último viaje a Colombia, y Martha no quería que él fuera, algo dentro de su interior le advertía de un grave peligro, sin saber lo que era; pero él de todas maneras se fue, cuando regresó lo notaba raro, y como que eludía su mirada.

Siendo su secretaría Martha tenía acceso a la computadora de él, y con esa espina clavada en el pecho empezó por primera vez en muchos años de casada a revisar sus archivos personales, y grande fue su sorpresa y mayor su decepción al ver que él se escribía por internet, con una mujer a la que él describía como especial, decía muchas cosas más, Martha comenzó a llorar de una forma incontrolable.

Le dieron ganas de "agarrar" sus cosas e irse, para que cuando él regresara, ella ya no estuviera en la casa, pero reaccionó por un momento, qué iba a ser de sus hijos, empezó a preguntarse cuántos años de su vida había desperdiciado con su esposo, siempre luchando, siempre tratando de sacar adelante el hogar y el matrimonio.

Después de un rato de meditar decidió confrontar a su esposo, pero independientemente de lo que él dijera, su decisión ya estaba tomada, ella debería abandonarlo.

Cuando sus hijos llegaron de la escuela, Martha les avisó lo que estaba pasando y la decisión que ya había tomado, y que ellos también tomaran su propia decisión, se quedaban con su padre o se iban ella.

En su mente muchos pensamientos sin sentido fluían, pero dentro de ellos, hacía planes mentales de regresar a la casa de su madre, y si sus hijos querían ir estaba bien, y si no también, pues ellos ya eran grandes y ellos podían decidir. Pero por primera vez quería tomar una decisión unilateral, en donde solamente ella y sus intereses eran los importantes.

Esa noche fue una noche muy trágica, sus hijos llorando, su esposo también y pidiéndole perdón una vez más, pero ya nada la conmovía, nada la haría cambiar de decisión, las cartas ya estaban echadas sobre la mesa, y no podía retroceder. Alcanzó a preguntarle a su esposo, qué pensaba hacer, y él le dijo -no sé todavía qué voy a hacer, pero por favor quédate a mi lado- ella no le contestó ni una palabra, y se fue a acostar, a esas alturas, Martha ya no lloraba estaba serena, y pareciera ser que todo estaba dicho.

Este golpe había sido casi mortal, por poco los destruye totalmente, desintegrando a la familia, destruyendo a su esposo, a Martha, y a sus hijos. Ellos solamente decían, mamá perdónalo, por esta última vez, y si vuelve a suceder, nosotros iremos contigo a donde tu quieras, pero por favor, luchemos juntos una vez más.

Hacía como dos meses atrás, Alfredo le había dicho que tenía algunos problemas personales y que necesitaba consejo, asesoría, ministración; pero no sabía a quién abrirle su corazón, Martha lo acompañó en oración y ayuno, para que Dios lo dirigiera, a quién debería acercarse, después de tres días, le dijo: "creo, que debo hablar con el "jefe", pero como pastor y no como líder, voy a ir a verlo".

Ella no sabía lo que habían hablado, pero él llego a su oficina ese día, y le dijo: "jefe", necesito hablar contigo, pero no como jefe, no como líder, ni como director de la organización, sino como pastor. El jefe, se levantó de su escritorio, y se sentó a su lado en la sala de su oficina, y le dijo: "Aquí estoy, como tu pastor, que me quieres decir." Ese día Alfredo estaba confesando su pecado al jefe, como pastor.

Él lo escuchó, pero fue como un balde de agua, el pecado se había cometido en el mes de octubre del año anterior, pero ya se había terminado, precisamente a eso había viajado en Enero, a terminar toda la relación, porqué el Espíritu Santo, le había redargüido, y él no podía seguir con eso dentro de él. El jefe solamente alcanzó a decir, esto necesito tratarlo con la directiva internacional, por la posición que tu ocupas dentro de la organización.

"El jefe", lo trató con la directiva y le dijeron que le dejaban a él total discreción para que actuara en el caso de Alfredo, y que las decisiones que él tomara, las iban a respetar. Así que él le dijo: "por el momento te recomiendo, que te abstengas de todas tus salidas a ministrar, también dejarás de dar clases, pero yo no quiero exponerte por tu familia, porqué ellos pueden sufrir demasiado con esto que esta pasando".

Cuando Martha descubrió los correos, el "jefe", ya tenía al menos conocimiento parcial de lo que estaba pasando, porque tampoco ahondó en los detalles, ella lo llamó, porque necesitaba informarle de lo que estaba pasando, y de las decisiones que había tomado. El le contestó, y le dijo, "voy para allá, con mi esposa, necesitamos hablar, avísale a tu esposo, para que nos reunamos dentro de dos horas" Le avisó a su esposo y esperaron la reunión, no sabían lo que iba a pasar; porque, según ella las decisiones ya estaban tomadas.

Esa tarde, llegó el "jefe" con su esposa, y empezaron a escucharla con mucha paciencia, Alfredo no tenía palabras, no había argumentos en él. Después de escuchar todo el dolor, su frustración y su resentimiento, le preguntaron cuál era la decisión que ella había tomado. Martha se las comunicó, y ellos con mucha sabiduría le dijeron que respetarían su decisión, pero que tomara un poco más de tiempo para no equivocarse.

Sus amigos, solo esperaban que ella tomara un poco de tiempo, para tomar la decisión fuera de las emociones y frustraciones del momento, y que una vez pasado ese momento, si seguía con la misma decisión, la respetarían y la apoyarían en todo.

El "jefe" y su esposa, siguieron visitándolos, hablaban

con ellos, oraban por ellos, pero ya no le preguntaban de la decisión que había tomado, ya que habían quedado que Martha les haría saber su decisión.

Pasaron dos meses de frustración, tocaron el infierno. La angustia, el desanimo, la depresión estaban dominando a sus hijos, a su esposo pero sobre todo a Martha; que durante ese tiempo varias veces pensó en huir, en desaparecer para siempre de la vida de su esposo. Pero su hija especialmente le decía: "Mami, no dejes a mi papi, vamos a volver a luchar" Poco a poco esas palabras, y las oraciones de sus hijos, pastores y esposo, quebrantaron su orgullo; porque es el orgullo, el que nos impide extender el perdón a los que nos han ofendido y Martha tomó una nueva decisión.

Habló con su esposo y con sus hijos, y les dijo: "Quiero volver a intentarlo, al lado de su padre; pero quiero que quede bien claro que ya no habrá una oportunidad más, está es su última oportunidad. Si esto se vuelve a repetir, ni siquiera voy a discutir, ni a llorar, ni a preguntar, solamente tomaré mis cosas y me iré, y si ustedes se quieren ir conmigo está bien, y si no también". Toda la familia comenzó a llorar, se abrazaron, oraron y dieron gracias a Dios, una nueva etapa en sus vidas había comenzado.

Capítulo 10

Un Comienzo Muy Difícl

Dicen que entre más alto eres, más duro es el golpe, y eso había pasado, Alfredo había subido tanto, que la caída fue abismal, y aunque había diferencias significativas de los casos anteriores, la profundidad del abismo en el descenso fue enorme.

Por ejemplo las veces anteriores, él fue confrontado cuando ya había sido descubierto, ahora él había confesado su pecado antes de ser descubierto, la segunda vez duró bastante tiempo viviendo en el pecado, ahora no, el Espíritu Santo lo había redargüido inmediatamente. Pero la gran diferencia es que ahora era un líder de embergadura internacional, y llenar el espacio que él había dejado era muy difícil.

El "jefe", fue muy sabio, muy prudente, y muy misericordioso, nunca expuso a Alfredo públicamente, mucho menos a su familia, él siguió al frente del instituto, pero sólo se dedicaba a cubrir el área administrativa, con la excusa de la creación de los materiales, aunque los estudiantes lo extrañaban como maestro, porque es un excelente maestro de la Palabra, y casi de cualquier tema que aborde, no se extrañaron mucho de su decisión.

Así pasaron casi todo un año, para el mes de octubre, el "jefe" le dijo a Alfredo, que ya debería volver a dar clases en el instituto y prepararse, para el otro mes en el programa de actualización pastoral, en ese mes de noviembre, él dio clases a los pastores y en el mes de octubre en el instituto ya para finalizar el período escolar.

Pero en el mes de diciembre, se reunió la junta internacional, y uno de los portavoces nacionales, no estaba de acuerdo con el proceso que se había tomado en el caso de Alfredo, no por él mismo, sino por la organización que él representaba. Esto colocó al "jefe" en una situación embarazosa, entre la espada y la pared, si el decidía quedarse con Alfredo al frente del programa educativo de la organización, las iglesias nacionales que el portavoz representaba se desligaban de la organización internacional.

Había que tomar cartas en el asunto. El "jefe" quería que Alfredo y Martha siguieran trabajando con él, como lo habían hecho durante cuatro años, sabiendo que podían venir años mejores. Pero ellos sabían la posición en la que habían colocado al "jefe", por lo que tenían que tomar decisiones pertinentes en beneficio del Reino de Dios.

Regresaron en Enero del siguiente año, sus decisiones familiares estaban tomadas, inclusive Alfredo ya le había escrito al "jefe", para que cuando se reunieran todos juntos tomaran la mejor decisión. Alfredo, juntamente con su familia, habían tomado la decisión de renunciar a la organización, para trasladarse a los EE. UU. con el fin de que sus hijos aprendieran bien el idioma inglés; y le pidieron a su "jefe", que los enviara con bendición.

Él les preguntó a qué parte de Estados Unidos, habían pensado ir, y Alfredo le refirió un lugar del centro de dicho país. Pero el "jefe", les sugirió otra ciudad, donde él podía recomendarlos con un pastor, para que no estuvieran totalmente solos. Después de orar, les pareció muy acertada la propuesta, y optaron por ella.

El nuevo movimiento comenzó, se hizo la entrega del edificio, el traspaso de todo, la venta de sus cosas, y en febrero de ese año, estaban listos para viajar, cargaron su van, con 17 cajas de libros, 12 maletas, la computadora, el escritorio, íban totalmente cargados, muchas cosas vendieron, otras regalaron, oraron por ellos y se despidieron.

Pasaron a su país para estar unos días con su familia, ocultando su dolor y su vergüenza, en esta ocasión habían decidido no involucrarlos, días después emprendieron el viaje hacia la frontera, en donde estuvieron otros días con la hermana de Martha y su familia.

Cuando llegaron a la frontera y hablaron de sus

intenciones y del tiempo que deseaban a estar ahí, que por cierto eran dos años, les dijeron que la visa que tenían no les permitía permanecer en el país por más de seis meses, así que no podían pasar.

Se regresaron a la casa de su hermana, y Alfredo llamó a un pastor amigo que vivía en California, y él lo animó a volver a intentarlo por otra frontera, al día siguiente, estában en la frontera, pero como el reporte ya lo habían puesto en la computadora, tampoco pudieron pasar, y a Alfredo se lo llevaron a un cuartito y le tomaron las huellas y la foto.

Salieron de allí derrotados, frustrados, y sin saber ahora qué decisiones tomar, ¿Qué deberían hacer? ¿A dónde irían? ¿Cuál era el paso a seguir? Cuando salieron de la frontera eran casi la 1 de la tarde, así que sin ganas se fueron a comer, para tratar de ordenar sus pensamientos. Al terminar de comer habían decidido regresar al centro del país, ese mismo día se enfilaron hacía allá.

Al otro día viajaron en medio de gran frustración, y sin saber si era la mejor decisión que estában tomando, pero ¿A dónde más irían? Llegaron a la ciudad donde vivían sus familiares como a las 10 de la noche, los recibieron en medio de sorpresas y alegrías, y les contaron lo sucedido. Esa noche trataron de dormir, de ordenar sus pensamientos, para tomar las decisiones más acertadas en pro de su familia.

Al otro día por lo menos una decisión estaba tomada,

su esposo tendría que viajar a centroamérica, para vender la camioneta allá, porqué tenía placas del lugar, y se habían pagado los impuestos. Ese mismo día hablaron al "jefe" en centroamérica, para ver si podía hospedar a Alfredo, a lo que con gusto accedió.

Alfredo viajo solo a centroamérica, en el camino intentaron asaltarlo, pero Dios le guardó de todo peligro, y lo llevó con bien hasta su destino final, esa noche que llegó a la casa del "jefe", habló con él, y le animó para que al día siguiente fuera a la embajada a preguntar sobre el nuevo trámite. Ya que en la frontera les habían informado, que para estar el tiempo que habían pensado se necesitaba otro tipo de visa.

Ese miércoles Alfredo fue a la Embajada Americana en centroamérica, y le informaron sobre los requisitos, y era necesario que fuera toda la familia, así que platicó con el "jefe", sacó la cita el jueves, y se la dieron para el martes próximo. Ese mismo jueves le habló a Martha, y le dijo que viajaran el Domingo para la frontera donde él los recogería el lunes por la mañana.

En la Embajada lo habían felicitado porque vieron que quería hacer las cosas correctamente, pero que tenía que volver a aplicar, y que según la determinación del Cónsul, les daban o no, la visa.

El lunes cuando llegaron al lugar acordado, Alfredo ya estaba esperándolos en la camioneta, se fueron directamente a centroamérica, y llegaron el lunes a la

1 de la tarde, a casa de una hermana muy querida, que los esperaba para comer. El martes se presentaron en la embajada, iban nerviosos, sabían que sólo la gracia de Dios los podía ayudar, y así fue realmente, sólo hicieron dos preguntas, no les pidieron ningún documento y aprobaron la nueva visa.

Salieron directo a la oficina del "jefe" para informarle y él se alegró sinceramente por ellos. El jueves por la mañana llegaron los pasaportes a las oficinas de la organización, y después de volver a despedirse salieron para su país, llegaron el viernes a las 9 de la noche, ahí estuvieron una semana más, y salieron rumbo a la frontera americana, del lado nacional estuvieron otro día con la hermana de Martha, al día siguiente cruzaron la frontera americana, manejaron hasta la noche y buscaron un lugar para dormir, al otro día estaban en su destino.

Allí, ya no los esperaban como se había planeado originalmente, sino que ahora deberían viajar a un poblado cercano. Ese mismo día llegaron a las 4 de la tarde donde el apóstol amigo de "el jefe" y su esposa, los esperaban recibiéndolos con los brazos abiertos, los hospedaron, los dejaron descansar y les dijeron que se reunirían al día siguiente para platicar.

Al día siguiente, se reunieron con los pastores, y les preguntaron cuáles eran sus planes, le dijeron que para ellos era un año sabático, querían dedicarlo a restaurar sus relaciones y acercarse a sus hijos, lo cual les pareció muy bueno a los pastores, y se pusieron a sus órdenes.

Esa semana Alfredo se dedicó a buscar un apartamento, el trámite de su licencia y trámites normales para ubicarse en su nuevo hogar, además de comenzar a buscar trabajo.

Aproximadamente al mes empezó a trabajar en una empresa de alimentos, trabajo que tuvo que dejar porque la abogada que estaba tramitando su residencia, les informó que podrían tener problemas por el tipo de visa que tenían, por lo que comenzó un largo peregrinar en el trabajo de Alfredo; lavó carros, limpió junto con su esposa una iglesia, puso impermeabilizante en los áticos de las casas, y hasta levantó cemento de los cimientos de las casas con un taladro eléctrico.

Pasó por un periodo de casi 4 meses en que sólo dos trabajos temporales de una semana cada uno llegó a tener, la crisis económica los estaba afectando demasiado.

Cuando llegaron a Estados Unidos, Alfredo y Martha tenían muy en claro que jamás volverían a dedicarse al ministerio, pero el Señor comenzó a tratar con ambos, hasta que decidiron que estaban dispuestos a servirle de nuevo, sí, para eso habíamos sido creados. Así es que el nuevo comienzo estaba siendo difícil, demasiado difícil.

Un día en medio de esa angustia, los pastores les dijeron: "ahora, no es una nueva oportunidad, es la última oportunidad, que Dios les está dando, pero es una nueva dimensión ministerial a donde el Señor les quiere llevar. Porque ahora el ministerio, no solamente es de Alfredo, es de ambos, el Señor les está guiando a una etapa nueva en su vida, familia y ministerio".

Ahora un nuevo reto estaba por comenzar, una nueva meta que iniciar, y una diferente perspectiva estaba por abrirse delante de ellos, les daba miedo, y les asustaba la idea, y más sobre todo al no saber cómo comenzarían esa nueva etapa, vivencial, familiar y ministerial.

Capítulo 11

La Ultima Oportunidad

 llos sabían que esta era su última oportunidad para sacar a flote su matrimonio, su hogar y a sus hijos, había muchas decisiones que tomar, muchas acciones que poner en práctica, y sobre todo los elementos necesarios para no echar a perder esta oportunidad.

Tomé esta historia de la vida real porque está muy completa para ilustrar lo que quiero enseñar. Seguiré contando la historia pero lo que voy a compartir de aquí en adelante es el resultado de 20 años de experiencias, además del ejemplo visto en diferentes consiervos, que con palabras, y ejemplo ayudaron a reforzar alguno o varios de los puntos que desarrollaremos en las páginas siguientes.

No podemos continuar sin agradecer a todos aquellos que con sus ejemplos y modelos de vida nos enseñaron lo que ahora sabemos y que siempre hemos practicado.

Al primero que quiero agradecer es a mi padre Juan Morales, un siervo del Señor que hasta el día de su muerte fue fiel a Él, y que con su vida me enseñó la ley de la vida cristiana de una forma práctica. A toda mi familia que me enseñó a vivir la vida cristiana con excelencia y sobre todo a perdonar incondicionalmente, porque todos en el derrotero de la vida estamos expuestos a ser dañados, ofendidos y agraviados, pero sólo la ley del perdón nos puede hacer vivir sin dolor, sin resentimientos y sin amarguras.

Al apóstol Darío y a Cindy su esposa, al pastor Clemente Díaz y a "lindura" su esposa, a los pastores Reinaldo y Lorena Soto; a nuestros amigos Omar y Sara Cruz. Ejemplos de integridad familiar dignos de imitar.

Y no pueden faltar nuestros amigos especiales Omar y Angie Cuateta, con quienes compartimos grandes momentos y experimentamos vivencialmente la gracia de Dios.

Y cómo podríamos seguir hablando sin mencionar a nuestros apóstoles y pastores Carlos y Millie Díaz, quienes nos enseñaron de una forma práctica y a veces sin siquiera saberlo a poner por obra los principios aquí expuestos. Todo ministro necesita ser pastoreado y nuestros pastores son un grato ejemplo de ese sublime ministerio, después de más de 20 años de ministerio podemos decir mi familia y yo que ahora si tenemos pastores, ya que ellos siempre han sido un bálsamo para nuestras almas, un aliciente para nuestras vidas y un ejemplo para seguir.

A nuestros hijos que han pasado todos los cambios y los procesos ministeriales y familiares, cuando nos hemos enfrentado a las crisis que producen los cambios de la vida y de los momentos que se viven con tanta intensidad, realmente ellos son siervos del Dios Altísimo, dignos de encomiar por su fortaleza, por su confianza en Dios, y sobre todo por su disposición y carácter para adaptarse a las diferentes vicisitudes de la vida, y seguir como siempre respaldando nuestro trabajo ministerial. Hago esta mención porque muchas veces no valoramos todo lo que los hijos de los siervos de Dios enfrentan para continuar respaldando el llamado ministerial que Dios le hizo a la familia en particular.

Adita y Micky, ¿fue fácil? No, sabemos que no lo fue, han enfrentado crisis, angustias, a veces dolor, porqué no decirlo resentimientos, sentimientos encontrados en su corazón, pero la gracia, el amor y la misericordia de Dios se sobrepusieron en ustedes y casi siempre tomaron las mejores decisiones, que hoy por hoy nos han traído hasta este punto de nuestra vida como personas, como familia y como ministerio, ustedes han sido excelentes maestros.

Cada uno de ellos experimentó el dolor y la angustia tremenda de la duda, cuando en varias ocasiones parecía que las cosas en lugar de mejorar parecían empeorar. Cuando en su tierno corazón estaban rondando las interrogantes, ¿habrá sido la mejor decisión la que tomamos? ¿Nos habremos equivocado? Hoy quiero decirles que siempre han sido prudentes y sabios al tomar las decisiones y cuando se equivocaron tuvieron el valor suficiente para retomar el camino y volver a comenzar.

Hoy en día, no todas sus interrogantes han sido resueltas, pero tienen la seguridad de que el Todopoderoso, jamás ha perdido el control de sus vidas, ni de su familia, y que Él, los trajo hasta este momento, donde han experimentado la sobreabundante gracia de Dios, y esa paz que sobrepasa todo entendimiento.

Unas preguntas que rondaban en nuestra mente, eran, ¿para qué es esta oportunidad de vivir en este gran país? ¿Qué es lo que quieres hacer con nuestra familia?. Aún hoy en día no comprendemos la magnitud de los planes de Dios para nuestra familia en el área personal y ministerial, ni del propósito total de Dios, pero estamos comenzando a tener algunos vislumbres y este libro es parte de esa nueva dirección de Dios para nosotros como pareja y como familia.

Nunca debemos olvidar que en todos los procesos de divorcio, al final de cuentas, los menos responsables, los únicos inocentes de todos los conflictos conyugales y matrimoniales, y a veces los que mas sufren, cuando no se solucionan, o cuando se toman las decisiones incorrectas son los hijos, que muchas veces quedan con marcas imborrables por culpa de la inmadurez de los adultos.

Cuando nos enteramos de historias como la de Alfredo y Martha nos colocamos en un lugar donde podemos entender la dimensión del perdón, y en mi caso particular asumí el papel de funcionar como Atalaya y advertir a los matrimonios jóvenes de la realidad del adulterio y sus consecuencias y por otro lado ayudar a aquellos que atraviesan una situación de esta índole.

Recordemos siempre que: la base de la sociedad no es la familia, sino la pareja. El matrimonio es el fundamento de la humanidad. Si los cónyuges siguen divorciándose, las familias seguirán desintegrándose, y la sociedad pudriéndose.

Cada niño que nace, es la voz de Dios diciendo que todavía confía en el hombre. Cada ser humano que nace, es nacido a imagen de Dios, y por eso el enemigo quiere destruirlo a como de lugar, pero depende de cada uno de nosotros, si aprovechamos o dejamos pasar la última oportunidad.

Alfredo y Martha supieron aprovechar la última oportunidad que les daba la vida, la familia, sus hijos, las circunstancias y Dios, si tú sientes que tu problema ya no tiene solución, recuerda que Dios todavía confía en ti, cree en ti, y sabe que con su ayuda tendrás la fuerza suficiente para aprovechar tal vez tu ultima oportunidad. Pero no te mueras sin intentarlo, no te derrotes sin luchar, a partir del capítulo siguiente comenzaré a tratar los pasos necesarios para que puedas luchar por tu hogar, por tu esposo, por tus hijos, por tu familia, no puedes dejar de tomar esta gran oportunidad que Dios te da.

Creo que si estás leyendo este libro, es porque en lo profundo de tu ser, consideras que puede haber alguna opción, y yo te puedo decir sin lugar a dudas que sí la hay, que Dios no ha terminado contigo, que el espera por ti, y que quiere que retomes tu vida a su lado para que esta última oportunidad la hagas la mejor oportunidad de tu vida.

Capítulo 12

El Perdón el Primer Paso

Perdón, es solamente una palabra de seis letras, es una de las palabras más sencillas de nuestro vocabulario, pero qué difícil es ponerla por obra, qué difícil es perdonar a los demás, y más al ser que más hemos amado y que ahora nos ha hecho mucho daño.

No podemos perdonar a los demás, si primero no hemos experimentado la gracia del perdón. En el Padre nuestro dice: *"Y perdónanos nuestras deudas, como también nosotros perdonamos a nuestros deudores"* (Mt. 6:12). El perdón que nosotros recibimos del Padre, está condicionado al perdón que extendamos a nuestros semejantes. *"Porque si perdonáis a los hombres sus ofensas, os perdonará también a vosotros vuestro Padre celestial."* (Mt.:14).

Experimentar el perdón de Dios, no solamente

es en el sentido de nuestras ofensas cometidas hacia él, para experimentar la dicha del perdón, y como resultado lógico la vida eterna; esto va aún más allá, ya que tenemos que experimentar el perdón de nuestras culpas, de esos demonios que atormentan nuestra mente, y que nos humillan y denigran constantemente, quitándonos todo el valor aun como seres humanos.

Cuando se ha experimentado un dolor tan profundo como la infidelidad, la mente traiciona, y los pensamientos negativos son abrumadores: ¿Habré fallado como mujer? ¿No era suficiente para él? ¿Realmente me amaba cuando se casó conmigo? ¿Porqué me decía que todo estaba bien, que era feliz conmigo, esas eran mentiras de parte de él? Todo este tipo de pensamientos dañinos, destruyen nuestra autoestima, como esposa, como mujer, como madre.

Dejamos de funcionar efectivamente en nuestros diferentes roles, y en medio de nuestro dolor, encontrado con sentimientos de culpa y de venganza, descuidamos a nuestros hijos, abandonándolos emocionalmente; estamos físicamente, pero nuestra mente tiene sus propias luchas, nuestros sentimientos están dañados, necesitamos una razón para vivir, nos falta cariño, y las fuerzas parecen abandonarnos.

Cuando analizamos la situación, no dejamos de culparnos, porque en toda relación hay la participación de dos personas como mínimo, y si una relación no está funcionando es porque las dos partes fallaron, tal vez una en un 99% y la otra solamente en un 1%, pero ese uno por ciento produce tal culpabilidad que no es posible quitar, a menos que experimentemos la gracia consoladora y perdonadora de Dios.

Lo primero que tienes que aprender es a perdonarte a ti misma, anular la culpa, y tomar el sacrificio de Cristo a tu favor, para accesar a su gracia. Debes perdonarte por lo que hiciste y por lo que no hiciste pero te sientes culpable, en todo esto debes aceptar el perdón sanador y restaurador del Padre.

Esto es un proceso, a veces difícil, y la mayoría de las veces doloroso, porque tu mente te acusa, los hechos te señalan, las personas te culpan, y tú sientes que vales menos que nada porque tu autoestima y tu dignidad están por los suelos, pero es el momento de aprender a reformatear tu mente, borrando los conceptos preconcebidos por la sociedad, por la educación, por la herencia familiar, y por el machismo Vs. feminismo que impera en nuestro contexto diario.

Si solamente borramos el disco duro pero no incluimos nuevos pensamientos, esa mente en blanco, será un buen taller para el Diablo, sus demonios y sus pensamientos destructores y demoledores. Por eso ahora hay que incluir los pensamientos que Dios tiene para nosotros: "Porque son pensamientos de paz, para nosotros" y "Sus pensamientos son más altos que nuestros pensamientos". Tenemos que aprender a declarar y a creer lo que Dios dice de nosotras, que somos mujeres virtuosas, que somos de gran valor para Él, y que aunque nuestro padre, o nuestra madre, o nuestro esposo nos dejaren con todo Jehová nos recogerá.

Tenemos que aprender a creerle a Dios, y día a día sembrar estos pensamientos dentro de nuestra mente, te recomiendo que anotes los pensamientos de Dios en tarjetas de papel, que siempre las cargues en tu bolsa, para que cuando el enemigo trate de invadir y controlar tu mente, tú lo ataques con lo que Dios dice de ti, y los planes que Dios tiene para tu vida.

Ésta es una lucha tenaz y constante, pero cada día, tu disco mental debe ser reformateado, tu disco debe tener nueva información, y cuando tu mente cambia, tu conducta cambia, tus valores cambian y tu estima se renueva a la imagen de lo que Dios quiere y tiene para ti.

Una vez que ya te perdonaste, o más bien que ya aceptaste el perdón de Dios para tu vida en esta circunstancia específica, viene la segunda parte de este primer paso.

Perdona a tu esposo, toma en cuenta que no te estoy diciendo que él va a venir a pedir perdón, puede que lo haga, puede que no, pero tú debes perdonarlo, recuerda lo que dice Mateo 6:14, que si perdonamos a los que nos ofenden entonces Dios, nos perdona nuestras ofensas.

Cuando aprendemos a perdonar inmediatamente, aprendemos a sobrevivir y a no caminar dañadas por la vida. Si tú decides no perdonar, tienes toda la razón, él es el culpable, tú no lo engañaste, o tú no lo estás golpeando, o tú no llegas tomada a pelear con él. Él es el único responsable de lo que está pasando, es más si lo abandonas, ¿Quién podrá juzgarte, por ser una mala madre o esposa? Nadie, pero si tú no decides perdonar, la única que va sufrir la consecuencia de no perdonar eres tú misma.

Cuando dejas que aquel amor, se cambie por el resentimiento, ese resentimiento se transforma en amargura, y esa amargura se convierta en odio, solamente tendrás resultados negativos en tu vida, el primero, es que Dios, no te puede perdonar, porque el perdón de Él está condicionado al perdón tuyo. Dicho en otras palabras, el tanto que tu extiendas el perdón a otros, es el tanto que Dios te puede perdonar a ti. Cuando ya la amargura se ha albergado en tu corazón, es un impedimento para que tus oraciones sean escuchadas por el Señor, y ya cuando todo esto se ha transformado en odio, dejas de tener la gracia de Dios, porque el Señor nos manda aún a perdonar a nuestros enemigos.

He conocido personas, que al no extender el perdón a otros, sufren aún consecuencias físicas, que se manifiestan a través de diferentes enfermedades, como la presión alta, la diabetes, y en algunos casos aún el cáncer ha hecho presa a sus cuerpos. Cabe aquí hacer una aclaración, no siempre la causa de estas enfermedades es la falta de perdón, pero sí en muchos de los casos de estas enfermedades.

Si tu esposo que te ha ofendido, ha fallado como sacerdote, como padre, como proveedor, como esposo, como cuidador, no importa la parte de su rol que no haya cumplido, debes perdonarle, en primer lugar por tu propia salud, mental, emocional y física y en segundo lugar porque ahí inicia el proceso de restauración de un matrimonio, de un hogar, de una familia, a través del perdón.

Los seres humanos nos dañamos unos a otros. Hay muchas personas acusadas y sentenciadas injustamente a diario, cientos de chicas seducidas, miles de mujeres abandonadas, millones de hombres asaltados, golpeados o muertos; a nuestro alrededor pulula la sevicia, el abuso sexual, el chantaje, el fraude, la violencia intrafamiliar, el incesto, el terrorismo, y lo más frecuente, la falta de consideración de nuestros seres queridos. Cuando hemos sido afectados por algo así, sobreviene en nosotros un odio natural, un deseo de tomar revancha y una terrible soledad. Nadie está exento de ser lastimado por otro ser humano, es más, me atrevería a decir que a todos nos seguirá ocurriendo y debemos aprender a desarrollar un mecanismo para no salir heridos, lastimados, ni dañados.

Sólo alcanzan la plenitud de la vida quienes asimilan y practican el perdón. La única manera de extraer de nuestro cuerpo el veneno que nos inyectan otros, es perdonando. Así como lo oyes. De nada sirven los parapetos. La gente te va a herir a menos que te vuelvas ermitaña encapuchada. Perdonar es abrir una puerta que te sacará del recinto de la amargura. Por favor corrije el concepto en tu cabeza: al perdonar a la persona que me dañó, no le estoy haciendo un favor a ella, me lo estoy haciendo a mi misma; cuando perdono sinceramente a mi agresor, la paz me inunda aunque mi agresor no se entere. De la misma forma, cuando lo odio, me invade la pesadumbre aunque igualmente mi agresor esté totalmente ajeno a lo que siento por él.

Recuerdo una anécdota que leí hace algún tiempo atrás: cierto oficial del ejército americano que había estado en la segunda guerra mundial se enteró que uno de sus más queridos compañeros se hallaba sólo y enfermo. El exitoso militar buscó la casa de su amigo. Entró en ella y reconoció en un sujeto pobre y acabado a su viejo compañero de guerra. Al poco rato de platicar, el hombre fuerte le preguntó al débil si ya había perdonado a los nazis, a lo que éste respondió con una vehemencia inusitada: "No. De ninguna manera. Todavía los odio con todo el alma". Entonces – le contestó su amigo entristecido – te tengo una mala noticia, si aún no los perdonas, eso significa que ellos todavía te tienen prisionero.

Es terapéutico aprender a perdonar. Deténte un momento en esto: A perdonar se aprende. No es instintivo, ni basta con decir "ya lo olvidé". A mí en lo personal me ha costado trabajo ejercitarlo. Confieso que durante mucho tiempo estuve buscando la fórmula, leía libros, escuché sermones, busqué ayuda en consejeros y guías espirituales. Algunos me ayudaron, otros me confundieron. Sabía que el perdón era la respuesta, pero no hallaba la manera práctica de llegar a él. Finalmente deduje una técnica de tres pasos. A mí me funcionó y desde entonces siempre la comparto. Por favor pongan mucha atención. ¡Es importante!. Para perdonar a alguien se requiere: Número uno enfrentar abiertamente el dolor por lo que nos hicieron. Número dos evaluar lo que nos cuesta aquello que perdimos, y número tres: regalar mentalmente lo que perdimos.

Enfrentar abiertamente el dolor. Para dar el primer paso, dejemos de racionalizar diciendo "no ocurrió nada, a fin de cuentas no me afecta en absoluto la conducta del otro, algún día me las pagará, pero definitivamente yo estoy bien". Esa actitud es absurda. Debemos reconocer que estamos terriblemente heridas, que el proceder de aquél sí nos afectó, nos hizo daño, definitivamente nos duele, reconocemos que sí estamos afectadas.

Evaluar exactamente la pérdida, significa calibrar lo que nos quitó, hacer un recuento real de lo que perdimos y reconocer el valor que eso tenía para nosotros: sea seguridad, autorespeto, alegría de vivir, la oportunidad de superación profesional o personal, la tranquilidad de los hijos, de los padres, de las hermanas o hermanos, la paz, la familia. ¿Cuánto nos duele la pérdida?

Regalar a nuestro agresor aquello que nos quitó es el tercer paso, es el más difícil, es el salto de la muerte, el punto culminante y definitivo. Sin el tercer paso, los otros dos no sirven más que para reconocernos abiertamente como mártires; con él, en cambio, la fórmula hace estallar el mal y nuestra vida se llena de paz, bondad y todo lo bueno, positivo y afable otra vez. Hemos reconocido el dolor y evaluado lo que perdimos, ahora debemos regalarle a nuestro agresor aquello que nos quitó, pensar que decidimos obsequiárselo; no se lo merece, definitivamente, pero como de cualquier modo ya no lo tenemos, vamos a volvernos mentalmente su amigo, tratar de ponernos en sus zapatos, comprender sus razones, justificar sus impulsos y decirle con nuestros pensamientos: "Eso que me quitaste (ya sé exactamente qué es y cuánto me duele haberlo perdido), quiero regalártelo..." Este último paso es el verdadero perdón, es el giro definitivo, el último dígito de la combinación. Sin él no hay nada, con él todo.

Tal vez poniendo los pies en la tierra te preguntes: ¿No sería más realista, una vez evaluado lo que perdimos, exigirle al agresor que nos lo devuelva, para después perdonarlo? ¡De ninguna manera! La mayoría de las personas piensan y creen que así debe ser el perdón, pero es una reacción absurda. Si tú por ejemplo rompes algo en mi casa, yo te lo cobro y cuando ya me lo hayas pagado te digo "te perdono", en realidad no te estoy perdonando, sino haciéndome tonta y burlándome de ti. Al cobrarte el importe de tu error, estamos a mano, en cambio, si verdaderamente perdono, el ofensor ya no tiene que pagar nada. Sería ilógico decirle a un hombre que estuvo diez años en la cárcel, después de cumplir su condena: "Está usted perdonado". Perdonado de qué, si ya pagó su deuda.

Tal vez tú te digas en tu interior: Las sanciones se imponen por algo. No se le puede decir a un asesino o a un violador de niños, "te perdono, sal a la calle y sigue haciendo tus fechorías". Pero quiero recordarte que tú no eres una dictaminadora de juicios por delitos cometidos. No has sido constituida juez de nada ni de nadie. Eres una mujer que sufre por la conducta de tu esposo, has valorado el costo, has enfrentado el dolor y ahora estás ante la disyuntiva de tener que regalarle ese costo. Tal vez digas:

que él no se merece el perdón, y tienes toda la razón, nadie se merece el perdón de nadie, ni de nada.

El perdón es un obsequio inmerecido. Igual que el verdadero amor. El amor real jamás podrá ser un premio, el amor es un regalo. Los seres humanos superiores son capaces de decirle a sus hijos y a su pareja: Te amo, no como un premio a tu conducta sino a pesar de tu conducta... *Nadie que condicione su cariño a alguien, lo ama verdaderamente.*

Quiero narrarles la historia que leí en un libro de un hombre que destruyó su matrimonio, ¿Y saben por qué? Porque le fue infiel a su esposa. El hombre pasó por una crisis de emociones, pero finalmente se dio cuenta de su garrafal error y acudió a su mujer herida. Ella se había enterado unas semanas antes del adulterio y cuando él llegó arrepentido a solicitarle su perdón, ella ya había tomado una decisión. Le dijo a su esposo que una infidelidad es algo que simple y llanamente no se puede perdonar, que por el bien de sus hijos iban a seguir viviendo juntos, pero que definitivamente las cosas ya no iban a poder a volver a ser iguales. Ella le negó, a partir de entonces, todo contacto íntimo, le hizo la vida imposible. En ciertas reuniones se burlaba de él, lo humillaba ante los demás y él sólo agachaba la cabeza. Cuando muchos años después sus hijos se casaron y ellos se quedaron solos, una noche, la esposa se sintió sola y llena de nostalgia le dijo a él "¿Te acuerdas de aquella infidelidad? ¡He decidido perdonarte!" Su esposo soltó una carcajada. Le contestó "No gracias, ya no puedes perdonarme, he sufrido vejaciones, malos tratos, burlas y desprecios por el error que cometí, yo lo acepté porque sabía que era mi merecido, pero ya no puedes perdonarme ¡simplemente porque ya pagué mi culpa". El perdón es un obsequio que se da cuando la persona acaba de cometer el error, el pecado, la ofensa y que definitivamente es imposible dar después de que ya lo reparó o lo pagó.

Por eso es muy importante perdonar inmediatamente después que se ha cometido la ofensa. Házlo ahora, antes de que comiences a cobrarte las cuentas pendientes, después ya es muy difícil, tanto que a veces que ya es imposible, no se puede dar marcha atrás al daño hecho entre parejas.

Una infidelidad es una traición en grado superlativo, pero digan lo que digan y sobre todo los sicólogos definitivamente si se puede perdonar. Por supuesto la ciencia pondrá sus obstáculos, pero el ser humano puede desenvolverse en niveles muy superiores a los de la ciencia. Tú y tu familia creen en Dios, si realmente están tomados de la mano de Dios, Él los ayudará a perdonar lo imperdonable.

¿Recuerdas lo que le dijo Jesús cuando resucitó y se le apareció a Pedro? El seguidor en quien Él confiaba lo acababa de negar tres veces antes de que el gallo cantara dos veces, lo acababa de traicionar, además de no haber tenido el valor de defenderlo, le dio la espalda y aseguró no conocerlo. Jesús estaba en su justo derecho de recriminar al discípulo, avergonzarlo por su debilidad y pedirle cuentas por su cobardía. Cualquiera de nosotros hubiera hecho eso.

¿Qué le diría usted a un amigo que lo traicionó? ¿Qué sería lo natural? ¿Recuerda lo que le dijo Jesús a Pedro en esas circunstancias?

Le preguntó simplemente: "¿Me amas?" ¡Qué cuestionamiento más extraño! ¿No les parece? Pedro contestó: "Sí Señor, tú sabes que te amo"; entonces Jesús le dijo entre líneas: "Habíamos quedado en algo antes de tu traición, tal vez ahora las cosas deberían cambiar, pero SÍ AÚN ME AMAS, no cambiarán. Apacienta mis ovejas". Pedro se quedó pasmado por tal afirmación. Jesús al verlo tan asustado volvió a preguntarle: "¿Me amas? ¿Estás seguro?". Hizo la pregunta tres veces, el mismo número de veces que Pedro lo negó. Se diría que para cada afrenta Él no tenía ningún reclamo, sólo la pregunta ¿me amas?

"Cuando hubieron comido, Jesús dijo a Simón Pedro: Simón, hijo de Jonás, ¿me amas más que éstos? Le respondió: Sí, Señor; tú sabes que te amo. El le dijo: Apacienta mis corderos. Volvió a decirle la segunda vez: Simón, hijo de Jonás, ¿me amas? Pedro le respondió: Sí, Señor; tú sabes que te amo. Le dijo: Pastorea mis ovejas. Le dijo la tercera vez: Simón, hijo de Jonás, ¿me amas? Pedro se entristeció de que le dijese la tercera vez: ¿Me amas? y le respondió: Señor, tú lo sabes todo; tú sabes que te amo. Jesús le dijo: Apacienta mis ovejas."
(Jn.21:15-17).

Todos podemos cometer errores y producir ofensas. Algunos más graves, es cierto, pero no significa que vamos a divorciarnos de todo aquel que cometa un error, o que nos ofenda... El mensaje de Jesús es claro: no debes burlarte ni ESCARNIZARTE contra el que ha fallado, decide cuál será tu conducta sólo después de preguntarle si aún te ama...

El perdón es más efectivo y más poderoso que el divorcio, que la separación, que la venganza. Acércate a tu esposo y pregúntale "¿Aún me amas?" y si la respuesta es sí, díle: "¡Entonces seguiremos adelante, si me amas, cuentas conmigo, estoy a tu lado, no te voy a dejar, ni te voy a cobrar la ofensa, te perdono de verdad!" DE VERDAD VALE LA PENA INTENTARLO.

Capítulo 13

Recupera Tu Dignidad y Devuélvele la Autoridad

Si has decidido perdonar, ahora te toca caminar la otra milla, es una milla que va a ser difícil, ya que normalmente tendemos a pensar: "Ya le perdoné, estoy con él, yo ya hice mi parte, ahora tengo que ver qué está dispuesto mi esposo a hacer para recuperarme, para ganar su autoridad y para que caminemos juntos".

Es cierto que el liderazgo se reconoce, que la autoridad se gana, pero eres tú quien tiene que devolvérsela voluntariamente, con amor incondicional, porque has perdonado, y recuerda que perdonar, es "volver a poner en el mismo lugar que ocupaba antes, a la persona que te ha ofendido". Y si el lugar que tu esposo tenía, antes de haberte agraviado, no era el que está establecido por Dios en su Palabra; debes levantarlo de tal manera que puedas colocarlo, en el nivel de autoridad establecido por Dios para el varón en su casa.

Cuando el esposo ha fallado, te ha ofendido, te agravió, te ha golpeado, o te fue infiel, no importa la ofensa. Pero cualquier ofensa grave o leve que haya cometido, si se ha arrepentido, te ha pedido perdón, y trata de restaurar la ofensa cometida, es un proceso del purgatorio al infierno para él, no es fácil, hay culpabilidad en su alma, y eso le va a hacer actuar o demasiado tolerante o pusilánime, o tal vez agresivo.

Este tiempo del comienzo de la restauración de la relación conyugal es muy peligroso, porque tú te puedes meter tanto en tu dolor, y tu esposo en su culpabilidad, que pueden hacer sufrir a los hijos, ya que tenderán a abandonarlos emocional, educacional y espiritualmente, de tal manera que tú no tendrás el carácter para hacerlo, y tu esposo no tendrá la autoridad para dirigir, así que debes caminar con tu esposo lado a lado, para poder superar el tropiezo conyugal y para poder subsanar todas las experiencias negativas y conflictivas que tus hijos están enfrentando.

Tu esposo en ese tiempo, tratará de ganar tu cariño, y sobre todo tu confianza, el amor de sus hijos y la autoridad como padre y esposo dentro de la familia. Dentro de él hay una lucha interna, entre la culpabilidad y el perdón de Dios, entre la restauración de su hogar y las consecuencias de sus actos cometidos; más que nunca necesita un voto de confianza de tu parte, y sobre todo necesita saber que puede seguir contando contigo.

Sé que todo esto es muy complejo, y que no se trata

sólo del amor o del perdón, sino del sistema de vida, y que tienes la molestia de regresar a él, muchas mujeres han pasado por ese proceso y realmente llega el momento en que les desagrada el papel de ser mujer.

Por un lado les asusta pisar el futuro como mujeres divorciadas, pero al mismo tiempo pensar en volver al pasado; del papel de una mujer como ama de casa les enferma; porque no quieren volver a la misma situación, y mucho menos que los golpes recibidos se repitieran. Caer en lo mismo como si todo eso no hubiera servido de nada, es una idea contra la que nos rebelamos abiertamente. Todas queremos recuperar a nuestra familia, pero no bajo el mismo esquema que tenía antes.

La familia después de Dios debe ser número uno en nuestras relaciones y eso no tiene discusión. Si tu vida no tiene sentido es por culpa tuya, no de las labores domésticas, o por las amargas experiencias. Por eso ¡es indispensable que busques el progreso personal, no sólo por tu bien, sino por el bien de tu mismo matrimonio! La realización individual es indispensable para que exista convergencia de pareja. Una de las principales causas de ruptura conyugal es esa: El varón sigue creciendo y la mujer se estanca hasta que llega un momento en que no tienen nada en común, nada que compartir, nada que preguntarse. La esposa puede ser capaz de lograr mayor plenitud si, primeramente, tiene una actitud positiva y emprendedora. Sentirse agobiada es sinónimo de inutilidad. Ser inútil no es hacer pocas cosas, sino hacer muchas con apatía y desgano.

Al alcance de cualquier mujer está fructificar, buscando trabajo de jornada reducida, entrando a estudiar una carrera o especialidad en horario cómodo, practicando algún deporte, tomando clases especiales de aquello que le gusta y que nunca tuvo tiempo de aprender, leyendo mucho o dedicándose a cultivar alguna actividad artística o técnica de forma independiente.

Con frecuencia vemos a mujeres histéricas encerradas en su casa con hijos histéricos que luchan por escapar de su madre. El reto de la mujer implica sobre todo formar nuevos seres humanos; fíjate bien en esto: la herencia del hombre hacia los hijos es primordial y fundamentalmente material; todo lo material se acaba, es efímero. La herencia de la mujer, en cambio, es espiritual, de conocimientos, de educación; los hijos se quedarán con esta herencia toda la vida e incluso me atrevería a decir que se llevarán consigo cuando partan con el Señor. ¿Te parece esto una misión secundaria?

Tal vez piensas, que si educas a los hijos y de paso te realizas un poquito como mujer, ¿Quién haría el quehacer de la casa? Si te organizas puedes hacerlo rápido o buscar una ayudante. Casi cualquier varón desearía brindarle a su esposa esa asistencia con tal de no verla a diario de mal humor; ahora, supongamos que tu marido es de los que no quieren cooperar; entonces deberás lograr que la actividad creativa que eligiste te permita también ganar algunos ingresos para pagar, al menos, el sueldo de tu ayudante doméstica; sino te queda más ganancia que ésta, analízalo así, tú simplemente cambiaste el trabajo que no te gustaba por otro que te agrada más. La mujer casada no debe sentirse esclava, puede incluso ayudar mucho en la economía del hogar, pero por ningún motivo debe olvidar que el esposo sigue siendo, el director general de la casa. La sociedad entera depende de que las damas entiendan esto, si se alteran, se confunden y salen a la calle, huyendo del hogar, las familias se mermarán y una sociedad en que no haya unidad familiar es un caldo de cultivo para las peores alimañas humanas que se hayan podido imaginar.

Probablemente a estas alturas estarás objetando, el que tu esposo sea el director general de la casa, y me dirás: "Hermana Esperanza, no estoy de acuerdo contigo. Yo creo que tenemos el mismo grado, nadie es jefe de nadie, el hogar debe ser una sociedad armónica de cooperación mutua".

Eso es lo que tú quisieras pero simplemente las cosas no funcionan así, una familia es como una empresa: sería imposible tratar de construir sociedades de armonía en las que todos los empleados tengan el mismo rango y cada quien haga su trabajo en santa paz. Los gerentes requieren orden y categorías para poder dirigir adecuadamente a los trabajadores. En las familias como en las empresas, debe haber alguien que tome las decisiones finales, que marque los objetivos ya no de los socios en particular, sino del equipo en general; los miembros, por muy capaces y geniales que sean, tendrán que supeditar sus intereses personales a los de todo el grupo. La familia tiene jerarquías en base a los roles que cada miembro tiene. Entiéndelo. Deja de dar COCES contra el aguijón tratando de determinar quién manda en la casa. La opinión tuya es de gran peso, como lo es para el gerente la opinión del Consejo Directivo, pero cuando se trata de tomar un acuerdo final, todo el consejo tiene que escuchar al gerente decir la última palabra.

Este concepto es incuestionable para la filosofía, la religión, el orden social e incluso para el derecho legislativo. ¿Sabías que ante los juzgados el hombre es responsable de todo lo que pasa en el seno de su hogar? Si existen delitos graves o alteraciones que afecten a la sociedad dentro de una casa, el padre de familia puede ir a la cárcel aunque no haya sido él el ejecutor directo de los ilícitos. Esto es porque se reconoce al varón como el jefe de la familia con autoridad y responsabilidad suprema. ¡Por favor, no estorbes el buen funcionamiento de las cosas haciendo pleitos y dando órdenes cruzadas o contradictorias a los hijos, mucho menos intentando poner a tus hijos en contra de su padre. Tu marido es el jefe de la casa y no hay más que discutir al respecto. Las feministas se levantarán las enaguas con indignación, pero está demostrado que ninguna de sus propuestas es útil porque van en contra del diseño de la familia. Para que un hogar funcione como es debido, empecemos por aceptar el orden natural del diseñador.

¿El diseñador? Sí. Dios diseñó a la familia conforme a una estructura, y le pidió a sus hijos que aceptaran responsablemente el precepto: *"La cabeza de todo varón es Dios y la cabeza de la mujer, el varón"* (Ef, 5:23). *"Las casadas estén sujetas a sus maridos, porque el marido es cabeza del hogar"* (1 Co. 11:3).

En primer término, como rector principal y superior estará Dios, todos harán lo que Él disponga en sus palabra con respeto, trabajo, amor y benignidad; la línea de autoridad bajará directamente al hombre que es el jefe del hogar y sobre los hombros de éste descansará la responsabilidad de que su esposa cumpla su parte para que ella a su vez haga cumplir la suya a los hijos.

Sé que todo esto es difícil, yo no digo que sea fácil, pero tampoco es imposible, y tampoco es ponernos en una situación de súbditas, o esclavas, ya que nosotras debemos estar lado a lado y hombro con hombro con nuestros esposos en todo, para que nuestro hogar camine en completa armonía de acuerdo a los parámetros establecidos por Dios en su Palabra.

Tú como mujer no eres la autoridad máxima de tu casa, pero sí eres la base, eres el bastidor en el cuál se fijan los lienzos para que tus seres queridos puedan pintar sus obras maestras; no te degrades con el libertinaje sexual, tu naturaleza vital te hace diferente a tu esposo, un ser esencialmente superior al que se le ha asignado una tarea superior, no de mando ni de ataque, ni de líder guerrero sino de amor. Los hombres no están capacitados para sentir como las mujeres, no tienen la fortaleza física ni mental para dar a luz, criar y educar a un hijo. Se sabe de algunas hembras animales que son capaces de dejarse comer por sus crías para que éstas no mueran de hambre, algo que un macho no haría ni de broma.

La mujer está hecha de otro material, con otras

cualidades que la hacen ser el centro vital de la humanidad aunque casi nunca se le dé el crédito que se merece. Más no te molestes, ni te pongas en pie de guerra por ello.

Creo que todas hemos estado en alguna ocasión en medio de un bosque de enormes árboles; pero seguramente no exclamaste: "¡Qué hermosas y fuertes son las raíces de estos árboles!" ¿o sí? De la misma forma cuando visitas el centro de una metrópolis y observas los rascacielos, no se te antoja decir: "¡Qué fabulosos cimientos se han construido aquí!". Todos elogiamos al árbol, a la flor, al edificio, no lo que lo sostiene y le da fuerza.

¿Es injusto? Tal vez, pero es así. La esposa constituye, ni más ni menos, los cimientos de su marido e hijos, tú eres la energía que mantiene en pie su hogar, eres la savia que nutre a cada uno de sus miembros; si renuncias, el edificio se viene abajo. Ellos te necesitan enormemente aunque no te lo digan.

La mujer es el tesoro más grande de la tierra, vale mucho, pero no quejándose de su mala suerte, no llorando por la ingratitud de los hombres, no encerrada gimiendo y profiriendo maldiciones; su naturaleza es poderosa, es en realidad el sexo fuerte, es el factor principal del cambio positivo, es la reserva de amor, la fuerza motriz, si la mujer se derrumba se destruye la moral, se termina la paz, y se corrompen los valores.

Es cierto que con la enorme capacidad que tenemos, podemos desempeñar cualquier actividad igual o mejor incluso que los varones, algunas que no tienen el apoyo de un marido lo hacen y muy bien, pero muchas que sí lo tienen, quieren subvertir los papeles sin razones, ni necesidad, descuidando la función principal en el seno del hogar. En realidad los hombres pueden hacer muchas cosas, ir de un lado a otro, trabajar, sudar, emprender negocios, pero siempre y cuando, en lo más hondo de su ser, sepan que alguien los está esperando en casa.

Dios está tomando de la mano a las mujeres que saben darse a respetar, que retoman su dignidad como mujeres, pero que no abandonan el campo de batalla, que se valoran así mismas, que se saben poderosas, pero con todo y eso se mantienen fieles a sus parejas. Dios tiene un lugar privilegiado para las mujeres que no desisten, que han sabido cumplir la misión de ser el sustento de esa casa.

Es por eso que al tomar otra vez nuestra dignidad y nuestro valor como mujeres, no nos costará mucho devolver la autoridad a nuestro esposo. Alguna mujeres en un vano afán de venganza, manipulan y ponen en contra de su padre a sus hijos, sin saber que al hacerlo, ellas mismas están sembrando la destrucción de su propio hogar, porqué al menoscabar la autoridad establecida por Dios en los hogares, es como echarle tierra a la comida, o como quitar las raíces de un árbol, la comida no sirve y el árbol se muere.

Nunca menospreciemos nuestro papel dentro de nuestro hogar, recuerden que cuando educamos a un HIJO se FORMA UN HOMBRE, pero cuando se educa a una HIJA se FORMA UNA FAMILIA. Dios nos a dado un papel insustituible e irremplazable como mujeres, esa es nuestra dignidad y debemos recuperarla.

Capítulo 14

Cubre las Espaldas de Tu Esposo

En los tiempos antiguos de las guerras, cuando los soldados se enfrentaban al enemigo, se paraban espalda con espalda, para que así estuvieran viendo hacia el frente, y al mismo tiempo se cubrían las espaldas.

Quién mejor que nosotros para cubrir a nuestro esposo, y para luchar con ellos mano a mano en contra del engaño, de la infidelidad, del alcoholismo, del adulterio y de tantos flagelos que hoy en día azotan a nuestros hogares.

Para poder cubrir las espaldas correctamente debemos convertirnos en la sombra de nuestros esposos sin asfixiarlos, sin desesperarlos, para ello debemos restaurar los canales correctos de comunicación. Nuestra comunicación es bastante buena cuando todo está bien entre nosotros, pero cuando surgen diferencias qué difícil es comunicarnos, porque entramos a un campo de batalla, sin estar preparados para hacerlo, eso es cierto, tenemos que aprender a comunicarnos correctamente en el campo de batalla, para no destruirnos nosotros mismos. En una guerra, la comunicación es vital, es un elemento de vida y de muerte, y sucede lo mismo dentro de nuestros hogares,

Por eso se hace muy importante establecer reglas para pelear con nuestros seres queridos. Cabe hacer una aclaración aquí, los problemas son parte de la vida y de nuestro constante crecimiento como personas, no nos extrañemos de que tales cosas nos acontezcan.

Si el problema es entre tú y yo, lo arreglamos tú y yo, y queda totalmente prohibido hacer partícipes a otros o discutir en presencia de otros. Cuando hay testigos de la disputa el ego crece, el orgullo se hincha, lo que se persigue no es la solución de un problema determinado, sino demostrar ante los espectadores quién es más fuerte y dominante. Estando a solas es mucho más fácil pedirse perdón mutuamente, sincerarse, verse a la cara y hablarse con el corazón. Dos personas que tuvieron la afinidad para unirse, pueden allanar cualquier diferencia si están en intimidad.

Al saber que hay algún fisgón escuchando detrás de la puerta, o inclusive, al saber que alguien (tal vez bien intencionado) nos preguntará al día siguiente como terminó la riña, no podremos quitarnos la máscara del orgullo, y de la hipocresía. Un testigo físico o mental nos motivará, sin darnos cuenta, a tratar de mantener cierta imagen y eso bloqueará la sencillez y la humildad indispensable para llegar a un acuerdo con quien realmente nos importa. Algunos sicólogos aseguran que los tres principales factores que causan la desintegración conyugal son: el alcohol, la infidelidad y la intervención de los familiares políticos.

El cariño y la lealtad son conceptos no negociables, por lo tanto queda terminantemente prohibido proferir amenazas terminales, es la segunda regla. ¡En toda relación humana que se pretende duradera, debe haber algo intocable! ALGO que no puede por ningún motivo entrar en la mesa de discusión: El amor, el cariño... ¡La pareja puede negociar cualquier cosa, pelear encarnizadamente por resolver las diferencias, pero siempre protegiendo bajo una coraza de acero blindado el concepto de su amor! Este no se perjudicará con los resultados. Amenazas como "si no cambias me largo" o "te advierto que si no accedes nos divorciamos" o "lo que dijiste acaba de matar mi cariño por ti"

Queda prohibido tener actitudes extremas, si la persona pierde el control, deberá alejarse, pero nunca realizar escenas que lo hagan poco confiable para siempre. Todos los seres humanos poseemos un arsenal de alto calibre que por ningún motivo debe usarse con nuestros seres queridos. Esas armas son: gritar, golpear, insultar, romper cosas, maldecir, injuriar a los familiares del otro, azotar puertas, arrojar objetos, irse de la casa, emborracharse, adulterar, suicidarse, etc.

Estos recursos hieren y hacen perder la visión de lo que se discute. Las partes se concentran en devolver sus lanzas con el único fin de lastimar al contrincante.

Las actitudes extremas son como el veneno que daña la relación para siempre, pues aunque después de la batalla los participantes se reconcilien, el familiar, o amigo agredido con ese armamento pesado ya no podrá tener la misma confianza en el otro ni podrá verlo, aunque quiera, con los mismos ojos de antes. Siempre existirá en él, el temor de un desacuerdo futuro y la sospecha de que su compañero reaccione de la misma forma.

Cuando a Einstein le preguntaron si existía alguna arma para combatir la mortífera bomba atómica, él contestó que sí, que había una muy poderosa e infalible: La paz. Cuando sientas que vas a perder el control, aléjate un momento, respira hondo, recupera tu compostura y vuelve a tratar el asunto.

Se debe discutir una sola cosa a la vez. Al enfadarse, se pondrá sobre la mesa de combate solamente el asunto que haya causado la emoción negativa. Cuando no se sabe pelear, es muy común comenzar a reclamar un tema "X" y terminar disputando uno "Y", totalmente diferente, después de haber pasado por un gran número de asuntos todos ellos sin relación, unos hirientes, otros incoherentes, otros extremadamente añejos, pero todos esgrimidos para lesionar al contrincante y hacerlo sentir culpable de todo lo malo que pasa entre ellos. Una discusión así no tiene ni pies ni cabeza, el asunto inicial se deforma al grado que la pareja se siente furiosa y el problema no tiene solución y el pleito no tiene un final feliz.

Al departir no deben traerse a colación asuntos que ya pasaron, que ya se discutieron y que no tiene ningún caso revivir. Hacer eso es como meter el dedo a viejas heridas.

Para no caer en ese error se plantea la quinta y última regla: Queda prohibido quedarse con cuentas pendientes; si algo no es lo suficientemente grave para discutirse al momento deberá tolerarse para siempre. Hay mucha sabiduría en la actitud de algunos padres que no hacen pleitos terribles por que su hijo se peine o se vista un poco raro, cosa que a mí me costó bastante aprenderlo cuando mi hijo llegó a ser un adolescente. O en el esposo que deja trabajar a su consorte, aunque prefiriese que se dedicara de lleno al hogar.

Es sabiduría porqué disciernen que obligar a cambiar a sus seres queridos en esas actitudes, necesarias de alguna manera para ellos, ameritaría un alto grado de coerción. Por supuesto, no se trata de ser subyugada. Si el asunto es grave se debe hablar claro, pero si no lo es, basta con decirle lo que nos molesta y dejar bien establecido que por el amor que le tenemos estamos dispuestos a tolerarlo. Esa es la mejor estrategia para que un familiar cambie, la que se basa en el premisa de que aunque no cambie, lo seguiremos amando. Al percibir eso él, a su vez, tarde o temprano, deseará darnos gusto también. **Tolerancia, basada en el amor es la clave para esta quita regla.**

Cuando aprendemos a pelear con reglas, estamos cubriendo las espaldas de nuestro esposo, pero también nos estamos cubriendo la nuestras.

Otro aspecto muy importante de este punto es que, debemos pedirle cuentas a nuestro esposo, no por temor, sino por amor, hasta que él voluntariamente aprenda a rendir cuentas. Sin ser una fiscal o un policía, debemos acercarnos a nuestro esposo con toda confianza y transparencia, para qué él nos de cuentas de su tiempo, del dinero, de su agenda, de su horario diario.

Para hacer esto se requiere de mucha sabiduría y entendimiento, para que no seamos cansonas, de tal manera que hostiguemos demasiado a nuestro esposo. Los hombres cuando fallan en cualquiera de los roles que tienen como esposos, es porque son seres muy solitarios, y que toman decisiones unilaterales, sin rendir cuentas de su mayordomía a nadie; razón por la que comienzan a hacer lo que piensan y quieren, sin tomar en cuenta a sus seres queridos, a su familia, a su cónyuge, sino que deciden en base a sus sentimientos, emociones y deseos, buscando su propia gratificación. Gratificación personal que redunda en conflicto matrimonial, conyugal, familiar, espiritual o económico, y que es entonces cuando todos los integrantes de la familia experimentamos el dolor, la frustración y los problemas.

Razón por la cuál, ahora en esta nueva y última oportunidad, debemos tener en claro los conceptos, las metas y la restauración integral de la familia. No debe de darnos miedo, ni tampoco debemos hacerlo con tiranía, sino que la principal motivación de nuestras acciones sea el amor genuino e incondicional que tenemos hacia nuestra pareja.

Cada día tomen un tiempo, para pedirse y entregarse mutuamente las cuentas de su mayordomía, cómo les fue en el trabajo, cómo están los recursos, no importa quién maneje el dinero, el otro cónyuge tiene toda la libertad para ver el estado de la cuenta, la chequera, las tarjetas y el efectivo. En una sola frase podremos decir: No hay secretos entre los cónyuges, si alguno tiene celular o los dos, cada uno puede ver el teléfono del otro, en el internet, tampoco debe haber secretos, ambos cónyuges deben poder ver, con quien chatea, a quien le escribe, cuales son sus contactos.

La transparencia es vital para cubrirnos bien las espaldas, inclusive, si hay la tentación de volver a fallar, nuestro esposo debe tener el valor de decírnoslo, para que le ayudemos, no para que lo critiquemos o condenemos, debemos volvernos sus confidentes, para que de esa manera cerremos lo más posible las puertas de la destrucción en nuestro hogar y familia.

Cuando los secretos entre esposos, no se fomentan, estamos destruyendo a las pequeñas zorras que destruyen la mies del Señor. No debemos olvidar que nuestro matrimonio nació en el corazón de Dios, sin importar las circunstancias por las que nos casamos con nuestro cónyuge.

Capítulo 15

Amor al Principio; Amor al Final
(Amor Incondicional)

Normalmente cuando nos casamos con nuestro esposo, vamos al altar, o al Registro Civil, llenas de emoción, de expectativas, ¿Sabes por qué?, porque lo único que nos mueve para contraer nupcias con él es EL AMOR. Este amor del principio, con el tiempo, los desacuerdos, las malas peleas, las discusiones, o los simples descuidos se va perdiendo, de tal manera que ya lo único que nos une supuestamente son los hijos o la costumbre.

Qué triste llegar al final de 20, 30 ó quizás 40 años con nuestro esposo y darnos cuenta que el amor hace tiempo cambió en nuestro corazón. Todos, al elegir pareja en primera instancia, nos equivocamos (algunos más que otros por supuesto). Nadie se casa con su alma gemela, porque para que eso pudiera ocurrir, tendríamos que materializar esa imagen ideal, (de nosotros mismos) que llevamos dentro y convertirla en humana. A veces nos enamoramos perdidamente de alguien y creemos que es nuestra pareja ideal, pero realmente sólo estamos poniendo en él los atributos del sueño que hemos creado. Cuando conoces bien a esa persona te das cuenta que no lo era, y él también se da cuenta de que tú no lo eras. Como dice mi suegra: "Quieres conocer a Inés, vive con ella un mes". Ahora seguir basando tus juicios en el romanticismo pueril e idealista cuando ya estás casada es una falta de madurez terrible. Ver a tu pareja con molestia y darte de topes preguntándote porqué te casaste con él y no con otro, es firmar tu sentencia de muerte. No se trata del QUIÉN está conviviendo con quién, sino del CÓMO lo están haciendo.

Quiero aclarar, que sí existe el enamoramiento, el cosquilleo, cuando ves a tu ser amado sientes mariposas en el estómago, pero cuando se van perdiendo los pequeños detalles, es cuando comenzamos a creer que nos equivocamos al escoger a nuestra pareja, con la cual a estas alturas pareciera ser, que nunca estuvimos enamoradas de él, y que realmente estábamos ciegas cuando nos comprometimos para casarnos. Y ahora parece ser un peso muy grande que no queremos sobrellevar.

Tienes todo el derecho de aferrarte a tu psicosis de adolescente, pero quiero decirte que esa "cosa esplendorosa" que llaman amor, ese sentimiento de poetas que te hace necesitar imperativa y locamente a una "alma gemela" para vivir, efectivamente NO EXISTE. ¡compréndelo es mentira!. Erich Fromm escribió: "El amor no es una víctima de mis emociones sin control, sino un siervo de mi voluntad controlada". El amor real, no es una teoría que pueda expresarse en baladas románticas, no se aprende con suspiros o poesías, porque el amor no es un simple sentimiento: EL AMOR ES UNA DECISIÓN, no sirve de nada proclamarlo con llantos enfermizos ni con vehementes "te amo" EL AMOR VERDADERO ES ACCIÓN. La Biblia dice: *"Que nuestro amor no sean sólo palabras, amémonos de verdad y demostrémoslo con hechos"* (1 Jn. 3:18).

Si amas a tu pareja, a tus padres a tus hijos, ¿Por qué tienes una comunicación tan precaria con ellos? ¿Por qué les reprochas todos sus errores? ¿Por qué no eres capaz de perdonarlos? ¿Por qué eres tan resentida y delicada? Muchas románticas empedernidas podrían defenderse diciendo: "Mis familiares tienen la culpa pues no corresponden a lo que yo soñé que ellos deberían ser" ¡Qué estupidez e irresponsabilidad tan grandes! ¿No te parece?

Es falso que entre dos personas se pierda el sentimiento del amor, lo que se pierde realmente son las actitudes, los hechos, los detalles. La Biblia dice: *"...Qué el amor nunca deja de ser..."* 1 Co. 13: 8. ¡Por los detalles tangibles nos enamoramos años atrás, no por los suspiros! Ser adolescente y creer en el príncipe de tus sueños resulta hermoso, pero ser una persona casada y seguirlo creyendo es negligente, majadero y necio. Hay que hacer crecer el amor de la única forma que éste puede crecer: con el servicio, ayudando a tu pareja, cuidándolo cariñosa y afanosamente durante sus enfermedades, estando a sus momentos de crisis, apoyándolo en las buenas y en las malas, abrazándolo en silencio cuando hay problemas.

Nosotros como mujeres, se nos ha estereotipado como románticas, pero realmente lo que esperamos es que nuestro esposo, sea romántico con nosotras, que él nos reconquiste, que sea un trovador, que nos traiga flores, que nos escriba tarjetas, y por qué nosotras no actuamos de la manera en que queremos ser tratadas.

Amemos y demostrémoslo con hechos, con paciencia, y con detalles y acciones que hagan manifiesto el amor que le tenemos a nuestra pareja, seamos detallistas y románticas con nuestro esposo, digámosle que le amamos con palabras y con nuestras acciones.

Cuenta cierta leyenda oriental que un dragón se hallaba sólo, nadie lo quería, pues aunque era temido, admirado y respetado, todos guardaban su distancia con él. Un día, oprimido por la depresión decidió convertirse en palomo para acercarse a la gente. Estaba jugando en la plaza con unos niños cuando de repente sintió el dolor de una pedrada cayendo sobre su frágil cuerpo. Tres rapaces lo persiguieron arrojándole objetos y pateándolo cuando le daban alcance. A punto de morir fue rescatado por una pareja que pasaba por ahí; ellos dispersaron a los pequeños mozalbetes, lo tomaron en sus manos, lo llevaron a su casa, lo curaron, lo mimaron, le dieron las mejores muestras de amistad y cariño. El ave sanó y el dragón escondido en ella supo que tenía que volver a su tierra solitaria o nunca más podría hacerlo. Estuvo pensando y dilucidó: los dragones viven muy solos, no conocen el amor y eso los conduce con frecuencia a hacer tonterías; las palomas, en cambio son vulnerables, fácilmente las hieren, pero también son aptas para recibir afecto y caricias, de modo que decidió quedarse en su nueva condición.

Ser vulnerable es abrirse al amor. Nadie puede amar a un monstruo gigante cubierto de escamas y de aspecto infernal, en cambio, sí es posible querer a una paloma y más aún, si está herida por la mano del hombre. Ser vulnerable es ser humano. Quien quiere protegerse con armaduras impenetrables se aísla. Puede ganar respeto pero no amor. Quien presume de ser indiferente, de que todo le da lo mismo, de que no le afectan las alabanzas o rechazos, de que sabe vivir por su cuenta y está por encima de los demás, se quedará así, por encima, seco, estéril y lejos del contacto humano.

Saber que puedo ser herida, me une a mi hermano (a), me hace más amigable. Al ser frágil declaro que necesito de otros. Ser vulnerable es dejarse querer. Tal vez por eso Dios quiso voluntariamente venir a la tierra, a sufrir y a llorar con los hombres, a amar y dejarse amar por los hombres...

Este ingrediente jamás debe faltar en nuestras relaciones, cuando el amor, y la demostración de él corre en ambas direcciones, es más fácil restaurar el hogar y la relación con nuestro cónyuge.

Tampoco debemos dejar que la relación sexual con nuestra pareja se haga insípida, de tal manera que el sexo no sea satisfactorio, ni para nosotras, ni para nuestro esposo. Una pareja que se alimenta no sufre desnutrición, en cambio los desnutridos caen fácilmente. El sexo es un alimento para la pareja, y si no se toma de una forma satisfactoria, la pareja puede enfermar.

El alimento sexual no tiene jamás que ser insípido. Como ocurre con los alimentos, son buenos en base a la preparación. La comida es superior si se guisa con esmero, se sirve con atención y se saborea en la sobremesa. El deseo sexual en el matrimonio se va apagando en la medida en que se apaga el gusto por preparar el encuentro. Una mujer anhela compartir el lecho con su pareja el día que la trato con respeto y cariño, la escuchó con paciencia, tal vez la invitó a salir, la ayudó a hacer sus compras, colaboró lavando los trastes, o simplemente le compró cualquier nimiedad especial, o cuando tuvo algún gesto de amor para la gente que ella ama, como sus padres, sus hermanos o aún sus hijos.

Pero de igual manera el esposo, se siente más atraído sexualmente hacia nosotras, cuando nos encuentra de buen humor, cuando estamos arregladas y vestidas de la forma que a él le gusta, cuando nos ve seguras de nosotras mismas, entusiasmadas por algún trabajo que realizó, y cuando somos atentas con él. Y todo esto no es romanticismo pueril de adolescente. **Por qué el romanticismo es alimentado por suspiros, pero el amor es alimentado por hechos.**

La relación sexual como alimento, sólo nutre si se cuece, rehoga y adereza. El placer sexual en la pareja se consigue no con técnicas eróticas complicadas, sino dedicándoles tiempo. Algunos estadistas sexólogos declaran que las relaciones sexuales en la pareja casada dura un promedio de 11 minutos, ¿qué tipo de alimentos podemos ingerir en once minutos? ¡Comida chatarra, ingredientes sintéticos! ¡Eso es todo!

El acoplamiento sexual tiene un precio y hay que pagarlo. Si sólo se persigue el placer habrá sexo, pero no amor. La relación sexual debe ser el climax del amor profesado en una pareja. Aprender a conocer a nuestra pareja y hacer lo que a él le gusta significa trabajo. El sexo es el mecanismo número uno que requiere de TIEMPO para funcionar sincronizadamente. Se requiere invertir tiempo y esfuerzo LOS DOS JUNTOS. Uno sólo no puede arreglar el conflicto de dos. Cooperación mutua, delicadeza y tiempo harán siempre de una relación de pareja, una experiencia inolvidable cada vez que la pongan por obra.

Capítulo 16

Dios; El Centro de Toda Relación

Parece que fue ayer cuando mi esposo y yo estábamos frente al altar de la iglesia ante el pastor que nos estaba casando, entregándonos los anillos, recibiendo las arras, levantando los votos de nuestra nueva relación matrimonial, en donde prometíamos estar juntos hasta que la muerte nos separara, no hasta que la otra, o que los problemas nos separaran. Estaríamos juntos en la bonanza y en la adversidad, en la salud y en la enfermedad. Culminando con la bendición pastoral sobre nuestro matrimonio que estaba iniciando.

Recuerdo bien las palabras que decía al sellar nuestra relación, "lo que Dios unió, no lo separe el hombre". Como mujer me sentía realizada, mis sueños se estaban cumpliendo, mucho más aún de lo que había imaginado o esperado.

Cuando mandamos a hacer las invitaciones de

nuestra boda, recuerdo que buscamos un texto que nos identificara con el amor que sentíamos y teníamos el uno por el otro y pusimos el texto del libro de Rut 1: 16,17.

No me ruegues que te deje,
y me aparte de ti;
Porqué a donde quiera que tu fueres,
iré yo,
y dondequiera que vivieres, viviré.
Tu pueblo será mi pueblo,
y tu Dios mi Dios.
Donde tu murieres, moriré yo
y ahí seré sepultada;
así me haga Jehová y aún me añada,
que sólo la muerte hará separación entre nosotros dos.

Alguien dijo en una ocasión, que "el papel aguanta lo que le pongan", y decir un texto, aprenderlo de memoria y tenerlo marcado en la Biblia es muy fácil, pero vivirlo no es tan fácil, pero sí es posible, porque precisamente Dios es nuestra mejor ayuda en todas las situaciones de nuestra vida.

Si sacamos a Dios del centro de nuestro hogar, estamos cometiendo el peor error de nuestra vida, ya que Él, es el único que realmente puede ayudarnos a superar toda la crisis de identidad, la crisis familiar, la crisis conyugal que enfrentamos en las diferentes etapas de nuestra vida.

No importa las circunstancias adversas que enfrentemos, el golpe mortal que hayamos recibido de nuestro ser más querido, siempre debemos recordar las palabras que dijo Jesús: "... *Separados de mí, nada podéis hacer*" (Jn. 15:5).

Es cuanto sacamos a Dios de nuestras vidas, cuando realmente nuestra vida comienza a perder sentido, cuando dejamos de tener propósito, y cuando nuestro hogar comienza a tambalearse, estos tumbos que un matrimonio da por la vida sin Dios, sin fe y sin esperanza, pueden ser destructivos permanentemente si no nos acercamos al Señor, y lo ponemos como el centro de nuestra vida, de nuestro matrimonio y de nuestro hogar.

Los comunistas decían que: "la religión es el opio de la sociedad". Es una declaración con la que estoy de acuerdo, pero cuando te hablo de introducir a Dios como el centro de tu vida, me refiero a un Dios personal y real que quiere tener una relación diaria y permanente contigo, y es muy importante, de vital importancia, que tú invites al Señor Jesucristo a tomar todo el control de tu vida, de tu familia, de tu hogar, de tu matrimonio. Al final de cuentas Él es el diseñador del matrimonio, el diseñador del ser humano, y por lo tanto es el único que tiene el manual perfecto para que nuestro matrimonio funcione perfectamente, tal y como Él lo preparó desde la eternidad. Te invito a hacer esta oración con todo tu corazón, y de una forma sincera:

SEÑOR JESUCRISTO, en esta hora estoy delante de ti, porque me doy cuenta que he intentado sacar mi matrimonio adelante.

*He intentado de muchas maneras, pero reconozco
que sin tu ayuda no podré nunca salir
de este infierno, que hemos creado mi esposo y yo.
Mi hogar ya no es lo que yo esperaba de él;
mucho menos lo que tu querías para nosotros.
Te pido en primer lugar que perdones todos mis pecados,
que tomes el control de mi vida, de mi hogar,
de mi esposo, de mis hijos, de mis finanzas,
y de todo lo que soy y de lo que tengo.
Gracias por lo que haz hecho en mi vida,
y por lo que seguirás haciendo te doy las gracias.
AMÉN.*

Ahora que ya le pediste al Señor que tome el control de todo, debes procurar todos los días entrar en una relación íntima y personal con el Señor, cada día debes hablar con Él a solas, si tienes una Biblia comienza a leerla todos los días, inicia leyendo el libro de proverbios, un capítulo por día, y deja que esa palabra cobre vida dentro de ti.

Ahora ya no te tienes que regir, por tus propios principios, ni por tus tórridas experiencias pasadas, sino por los principios establecidos en Su palabra. Cuando esto sea común en ti, procura hacerlo junto con tu esposo, aunque si lo puedes hacer junto con él desde el principio, es mucho mejor; porque así el Señor, será el dueño de sus vidas y de su hogar.

No dejes de congregarte, ahora más que nunca debes buscar una iglesia, para reunirte, si normalmente lo haces, sigue haciéndolo, pero ahora con un sentido de compromiso con Dios y con la iglesia, revitaliza tu vida espiritual, ya que de ella dependerá mucho lo que pase de aquí en adelante con tu matrimonio.

A Martha, la chica de nuestra historia, fue lo único que la sostuvo durante todos esos años de vida matrimonial tormentosa, que aunque en varias ocasiones estuvo su hogar a punto de zozobrar, Dios amorosa y tiernamente la sostuvo en sus brazos, para poder pasar por el fuego y por el agua. Martha recuerda vívidamente cuántas veces le preguntó a Dios: ¿Señor, no te equivocaste al darme a mi esposo? o ¿Me equivoqué yo al escogerlo? En otras ocasiones llegó reclamarle o le decía: Si tú que todo lo sabes, porque eres omnisciente, sabías que esto me iba a pasar, ¿Por qué lo permitiste? En algunas ocasiones también lo increpó diciendo: Dios, ¿Por qué no me cuidaste, por qué permitiste que esta amarga experiencia, me sucediera vez, tras vez? ¿Por qué me has hecho tan débil, creo que para mi esposo, para los demás y aún para ti no valgo nada, por qué siempre he sido dañada, y en esta relación la única que ha perdido soy yo?

Hoy en día, Martha no tiene todas las respuestas, pero tiene la certeza, que Dios jamás la ha abandonado, que siempre ha estado a su lado, y siempre seguirá estándolo. Con entereza de carácter afirma que todavía no tiene el matrimonio perfecto, pero que está caminando en la perfecta voluntad de Dios para que Él cumpla su propósito en su familia.

Recapitulando un poco, Dios debe ser el centro de

tu vida, de tu hogar y de tu familia, cada día debes tener comunión con Él a través de su Palabra y de la oración, y además debes de congregarte juntamente con tu esposo e hijos, en una iglesia, en donde Dios sea el centro, y tengan como norma de fe y conducta la Biblia, Palabra de Dios.

Conclusiones

Palabras Finales

uando aprendemos a establecer las prioridades de nuestra vida según los principios bíblicos, vamos a comenzar a solucionar muchos de los conflictos que pululan en nuestra sociedad, como una gran epidemia que está terminando, con los valores familiares, con la familia, con el matrimonio, y por ende con la sociedad, y cuando la sociedad se corrompe totalmente, lo único que queda es exterminarla totalmente, y comenzar una nueva.

Como esposas, y parte integral de la familia, debemos estar siempre alertas, para evitar que la destrucción en nuestros hogares, sea una historia más que contar, una vida más para ejemplificar, acerca de cómo no debe vivirse. No seamos parte de las estadísticas de hogares destruidos, niños abandonados, mujeres maltratadas e inclusive en muchos de los casos asesinadas.

Evitemos el hubiera (porqué es un tiempo que no existe). Dejemos de lamentarnos, de sufrir como víctimas, y tomemos cartas en el asunto, seamos agentes de cambio en nuestra relación conyugal y familiar, cumplamos nuestro rol como mujeres activas en nuestra sociedad, al integrar nuestro hogar de una manera sólida en el medio ambiente en que nos desenvolvemos.

¡No más excusas! **Todo matrimonio tiene solución,** todo hogar puede ser levantado de la ignominia, todo ser humano puede experimentar la metamorfósis del perdón y de la reconciliación. No hay ser humano, que no pueda levantarse cuando se le extiende la mano. No importa lo malo que haya sido tu vida, no importa que cuando veas a tu cónyuge pareciera ser que él no tiene solución. No importa lo que hayas o estés experimentando, mal trato, golpes, humillaciones, un esposo alcohólico o drogadicto, pobreza, maldiciones, hijos enfermos o abandonados, tal vez carentes de amor y con una muy baja autoestima. Hay solución.

Lo único que no tiene solución es la muerte, porqué mientras hay vida hay esperanza. Sé que los refranes populares dicen: "Perro viejo no aprende maroma nueva", o "árbol que crece torcido, jamás se puede enderezar". Algunos otros promueven mucho el determinismo y fatalismo aún para nuestra descendencia, nuestros hijos, como aquellos que rezan de la siguiente manera: "Hijo de tigre pintito" y "de tal palo, tal astilla". Encajonándonos así en un fatalismo invariable e incambiable. Pero la palabra de Dios (la Biblia) dice: *"si alguno está en Cristo, nueva criatura es, las cosas viejas pasaron y he aquí todas son hechas nuevas"* (2 Co. 5:17).

El Señor también dice, que Él hace todas las cosas nuevas, Él no pone remiendos, Él las transforma totalmente. Él llama las cosas que no son como si fuesen, y dice también que siete veces el justo caerá y Jehová lo levantará. Así que cobre ánimo tu corazón; Dios tiene la solución, Él te da la voz de esperanza, y Él va a estar en todo tiempo a tu lado para ayudarte.

Recuerdas cuando Jehová, estaba por sacar a la libertad al pueblo de Israel, de la esclavitud de Egipto. Moisés lo único que pidió, fue que Él les acompañara, y que si Dios no iba con ellos, que mejor no los sacara de la esclavitud. Moisés sabía que lo único que podía sostenerlos en tan gran obra, era solamente la poderosa mano del Señor. Lo mismo es contigo, el único que podrá sostenerte, fortalecerte en momentos de gran dolor, de angustia y de soledad es el Todopoderoso. Así que asegúrate en primer lugar que Él sea el centro de tu vida y entrégale tu hogar, tus luchas, tus flaquezas, tus problemas, a tu esposo e hijos, en fin todo lo que tengas y lo que seas; para que Él sea el Señor de todo, de ahora en adelante.

Ahora perdónate, acepta el perdón de Dios de una manera totalitaria, y rechaza la culpa en cualquiera de sus formas, extiende el perdón incondicional a tus seres queridos que más te han dañado. Recupera la dignidad que como mujer Dios te ha dado, sin excusas tómala y vívela en todo su esplendor, devuelve la autoridad a tu esposo, según los parámetros establecidos por Dios, para toda familia que se nombra sobre la tierra.

Ama, ama, y vuelve a amar. Tu amor debe ser incondicional, total y voluntario, se ama, no porque se lo merezca nadie. Dios nos amó así, sin merecerlo, sin saberlo y sin conocerlo, demuestra tu amor, tu ternura, tu pasión, con hechos, no con suspiros o lamentos, no con comparaciones o imitaciones. El amor entre tú y tu cónyuge debe ser sin fingimiento, estimulándolo cada día de tu vida, y en cada momento posible. Cuando amas así, no importan los resultados, porqué tu decidiste no volver a dejarte dañar. Tú no eres dañable, porqué tu caminas bajo la ley del perdón y del amor, no bajo la ley de la culpa y del temor.

Aprende a pelear con tus seres queridos, establece las reglas, y ejecútalas sin violentarlas en ninguna ocasión. Pide cuentas motivada por ese amor profundo, nunca movida por el temor o la desconfianza, y de esa manera estarás cubriendo totalmente las espaldas de tu esposo, de tus hijos, de tu hogar.

Recuerda siempre que el Amor, y el Perdón son una decisión, nunca un sentimiento, ya que los sentimientos, siempre son influenciados y determinados por las circunstancias, situaciones y experiencias que vivimos. Tú decides extender el perdón y otorgar el amor a tu cónyuge, no porqué lo merezca, sino porque es un regalo de gracia que tú otorgas, porque también lo has recibido de tu Padre celestial.

Permíteme mencionarte la definición que usa mi esposo para gracia: "Es darnos lo que no merecemos". Mientras que misericordia es: "No darnos lo que merecemos". Cuando tú como mujer decides otorgar el amor y extender el perdón, no es porque se lo merece tu esposo, es más, él merecía que lo abandonaras, o en el peor de los casos que le pagaras con la misma moneda. Pero has decidido no darle lo que merece, y por el contrario darle lo que no se ha ganado. Es ahí exactamente donde reside la grandeza de la gracia y de la misericordia.

Apartir de hoy, solamente debemos caminar hacia delante, en el proceso de restauración de nuestro hogar y de nuestro matrimonio. Para así también poder ayudar a otras mujeres que no han encontrado la salida, no tienen una solución y buscan una respuesta a su problema conyugal. "Dad de gracia, lo que de gracia has recibido". Sueño con el momento en que se forme una asociación que se llame EE (Esposas Engañadas). No para quejarse de amargas experiencias, sino para promover la ayuda a tantas mujeres que están envueltas en la desesperación, la frustración y el desamor de sus propios cónyuges. Ellas al igual que nosotras, pueden experimentar la gracia de Dios en su vida y el amor paternal del Padre celestial.

Que el Señor te ayude en esta noble y loable labor, la restauración de tu matrimonio, y recuerda siempre que sí se puede, porqué Dios estará contigo en todo momento, y hay mujeres como Martha, que lo han logrado. Un ejemplo de la vida real que nos demuestra que tú y yo también podemos hacerlo.

www.ingramcontent.com/pod-product-compliance
Lightning Source LLC
Chambersburg PA
CBHW050556300426
44112CB00013B/1937